社会主义核心价值体系建设

"双百"出版工程

项 目

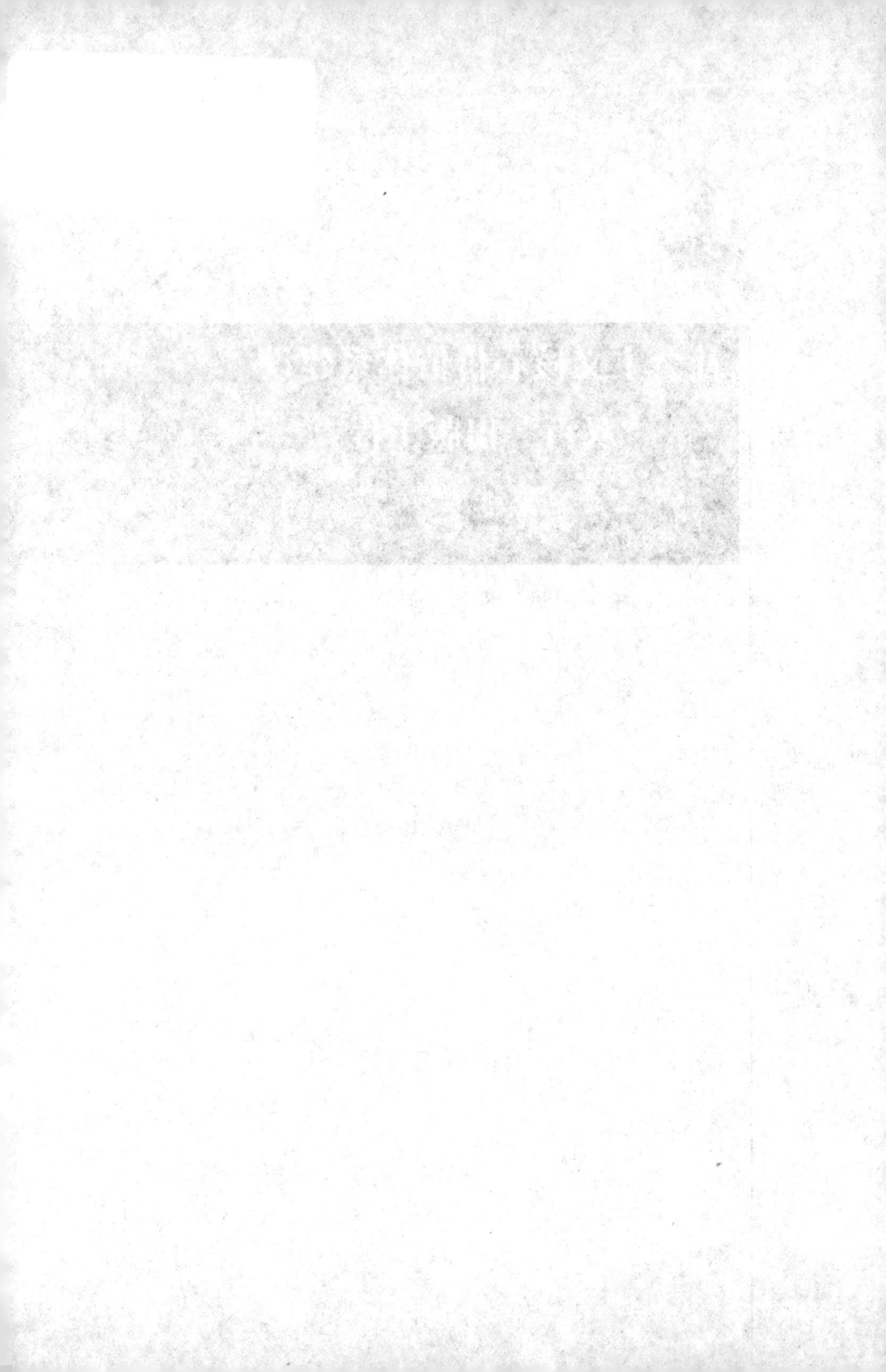

/ 100 位
新中国成立以来感动中国人物/

邢 燕 子

赵文秀　李冰梅/著

★

吉林出版集团 ｜ 吉林文史出版社

前　言

　　每个人的心中都多少有一点英雄情结，都向往英雄、景仰英雄。也正因此，在中华人民共和国建国六十周年之际，由中央十一部委联合组织开展的"100位为新中国成立作出突出贡献的英雄模范人物和100位新中国成立以来感动中国人物"的评选活动中，群众参与投票总数近一亿。这其中的每一张选票，都表达了人们对英雄模范的崇敬之情，寄托着对伟大祖国的美好祝福。

　　一个民族不能没有英雄，否则这个民族就不会强大。当国家危难之时，懦弱者选择了逃避、妥协甚至投降，英雄们却挺身而出，用热血捍卫民族的尊严，人民的幸福。在创立和建设新中国的伟大历程中，涌现出无数可歌可泣的英雄模范人物。他们之中，有为了民族独立和人民解放而英勇牺牲的革命先烈，有为了党和人民的事业而不懈奋斗的优秀共产党员，有在全民族抗战中顽强奋战、为国捐躯的爱国将士，有英勇杀敌的战斗英雄和革命群众，有积极从事进步活动的著名民主爱国人士和国际友人……他们是民族的脊梁、祖国的骄傲，是激励全体人民团结奋斗的精神力量。

　　《100位新中国成立以来感动中国人物》丛书，就像一部星光璀璨的英雄谱，真实、完整地记录了英雄模范人物不平凡的一生，再现了他们非凡的人格魅力和精神世界。舍身堵枪眼的黄继光，拼命也要拿下大油田的王进喜，中国原子弹之父邓稼先，新时期领导干部的楷模孔繁森……一串串闪光的名字，一个个动人的故事，犹如群星闪烁，光耀中华。

　　当今中国正处于伟大变革的时代，迫切需要涌现出一大批勇于承担历史使命、为祖国和人民奉献一切的先进人物。在"双百"人物崇高精神的引领下，在建设社会主义现代化国家的征程中，必将英雄辈出。

生平简介

邢燕子，女，原名邢秀英，1941年出生，天津市宝坻县人。从小跟爷爷在农村老家长大，父亲是天津市一家工厂的副厂长。1958年，高小毕业后没有回父母所在的天津市区，而是回到家乡宝坻县大中庄乡司家庄村务农，发愤改变家乡的穷貌。在那里，她和农民打成一片，并组织了一个"邢燕子突击队"，成绩突出。1960年《人民日报》发表长篇通讯《邢燕子发愤图强建设农村》，介绍了邢燕子的先进事迹。此后，成为上山下乡的知青典型，被称为毛泽东时代的好姑娘。1964年，她出席中国共青团第九次代表大会，同年当选为第三届全国人大代表，毛泽东主席生前5次、周恩来总理13次接见过她。她先后担任中共河北省委委员、宝坻县委副书记、地委常委、天津市委书记、市政协副主席，全国人大代表，党的九至十三大代表，第十至十二届中央委员。1981年被天津市委安排到北辰区工作，任北辰区人大常委会副主任。现退休。

1941-
[XINGYANZI]

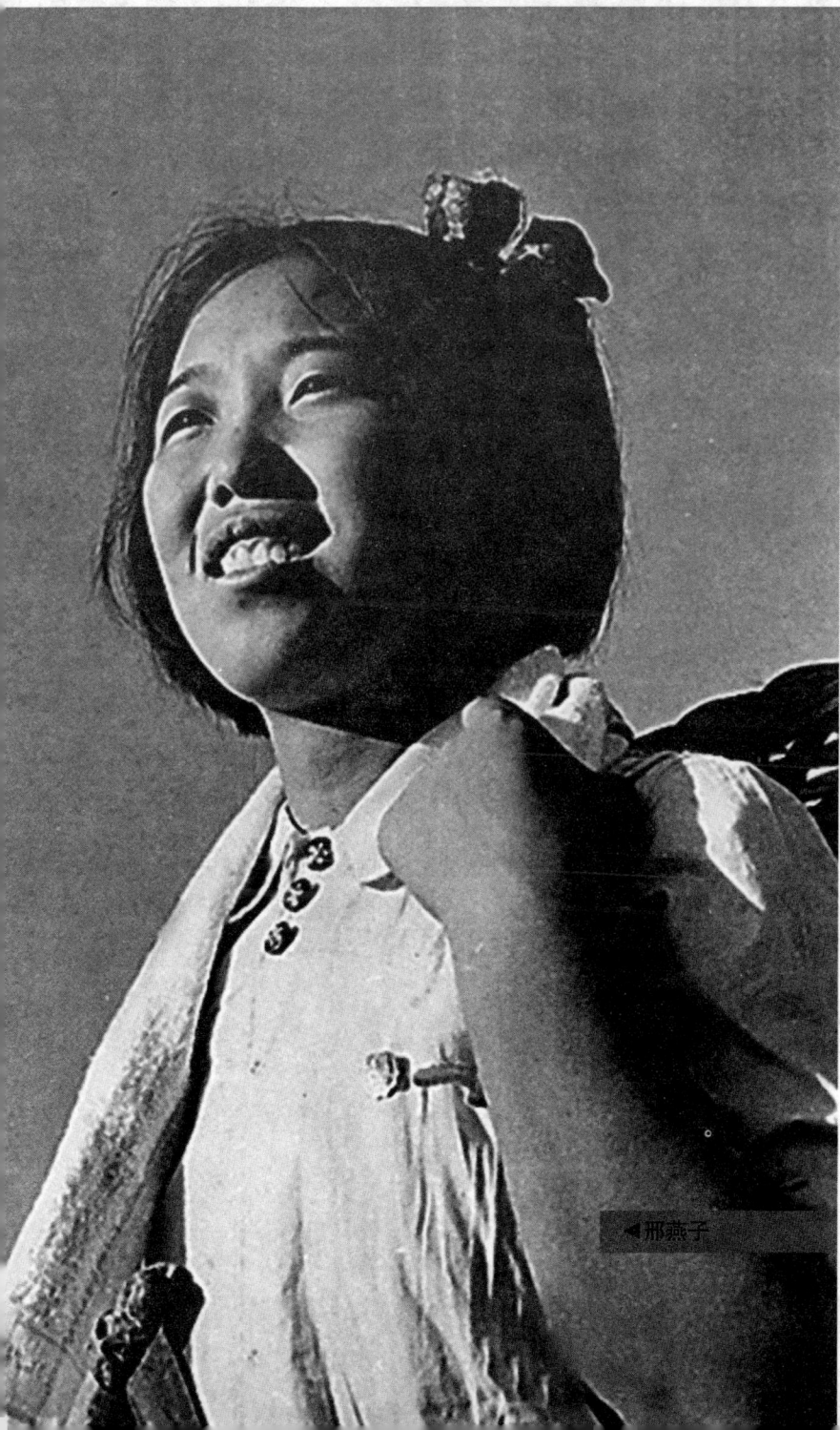

◀邢燕子

目 录 MULU

家庭影响 / 002

邢燕子的童年是在一个革命家庭中度过的。父亲
和爷爷的言行及关爱，对她日后的成长影响很
大，爱党的种子在稚嫩的心底深深扎根。

回乡务农 / 013

邢燕子为改变家乡的面貌，放弃了城市生活，放
弃了学业，立志做新中国第一代有文化的农民。

冰上治鱼 / 023

1959年，粮食作物遭受了巨大灾害，村民冬春
口粮成为燃眉之急。如何组织自救，邢燕子想
出了到冰上去治鱼的主意，冰上治鱼后，又抢种
"六九"麦，不仅解决了冬春口粮问题，还换回了
一千多人民币。

青春献农村，青春永不老（代序）

　　她，是新中国最早树立的知识青年建设社会主义新农村的楷模。在那个火红的年代——1958 年，初中毕业的她，毅然决然地放弃在大城市就业的机会，主动选择回到蓟运河畔的北大洼，带领铁姑娘队战天斗地，在雨中堆"土牛"，顶凌抢种"六九麦"，从村边大坑淘鱼，到莽莽冰原治鱼，流血流汗，艰苦奋斗，为改变家乡贫穷落后面貌做出了突出贡献。她的模范事迹首先见于《唐山劳动日报》的报端，继而出现在《河北日报》的版面。《中国青年报》则弘扬她"发奋建设社会主义新农村"的创业精神。1960 年 10 月，她以农业和知青代表的双重身份随"英模"慰问团赴福建前线慰问"炮轰金门"战斗的广大官兵。也是在这一年的 10 月，她荣登《人民画报》的封面。郭沫若副委员长更是专门为她作歌，赞颂她"青春献农村，青春永不老"。她成了冀东大地乃自全国妇幼皆知的知青典范。

　　她，两次当选全国人大代表，五次当选全国党代表，曾三次当选中央委员。"文革"后期曾参与筹组共青团中央、全国妇联全国总工会。曾同时担任天津市市委书记、天津市政协副主席等十六个职务，可直到 20 世纪 80 年代初却始终保留农民身份，是人民共和国靠工分养家的中央委员。

她，曾五次见到毛主席，十三次见到周恩来总理。毛泽东牵着手把她领上了第三届全国人大的主席台；在廖承志为团长的访日代表团中，是周恩来提名她为代表团成员；在庆祝中国和罗马尼亚开航一周年而组成的中国政府代表团里，她被周恩来亲自安排为团长；当有人再三提出她在"文革"运动中的所谓"问题"时，她胸怀坦荡，时任中央组织部部长的胡耀邦公开表态：我了解她，她是党培养的。

她，曾是知识青年心中的偶像，至今仍是广大民众学习的榜样，堪称时代的脊梁。无论是在事业达到顶峰，还是步入低谷，她都对党赤胆忠心，全心全意为人民服务，永葆普通农民的本色。在她有职有权的时候，人民敬重她；在她退休后，人民仍然没有忘记她：她是中央电视台《相约夕阳红》栏目的贵客，是香港凤凰卫视《鲁豫有约》栏目的嘉宾。2004年，厦门举办第二届知识青年文艺晚会，作为特邀代表，在机场有人为她献花，在会场有人请她签字，与会的数百名知青代表们把最热烈的掌声送给她，并以和她握手为荣。

她，有太多的故事。

读她，有太多的感动。

她，就是本书的主人公——邢燕子。

坚定的志向

→ 家庭影响

★★★★★

　　蓟运河宛若蜿蜒缥缈的玉带，在天津这块富饶美丽、河流密织的土地上缓缓流淌，河水汩汩流经宝坻县。就在这个地方，蓟运河之西1000米，有一个宁静普通的小村庄，叫司家庄。这个貌似平常的小村庄，在20世纪60、70年代那段共和国特殊的岁月里，因为出了个邢燕子而名噪一时，从此不再沉寂。司家庄东北角，有几间简陋的土屋，坐北朝南，年代久远，模样破旧，在狂风暴雨中苦撑岁月。虽说破旧，屋里面却收拾得井井有条。这里住着一户邢姓人家。据说邢家祖上随燕王扫北而来，落居于此，世代务农为生，荒芜年景，靠着几亩薄田勉强度日。

　　1941年1月15日，随着一声响亮的啼哭，邢燕子出生了。母亲把这个女婴抱在怀里，用欣喜的目光，一眼不眨地端详着。孩子全身嫩红，憨憨的睡姿，看上去十分可爱。虽说是女孩，骨架倒颇具男孩之形。母亲一定没有想到，她怀里这个幼小的生命，在日后会有一段叱咤风云、大红大紫的命运，她的命运会那么紧地和她身处的时代风云连在一起。

父：朱棣将他做燕王时的封地——北平府改为顺天府，之后迁都北京，北京便成为名副其实的国都。能生在这天子脚下，自然是大富之相、大贵之兆，就叫京生吧。

母：京生？一个女孩子，咋叫这名字？

父：那就叫燕生。北京还有一个名字叫燕京，得名历史比北京还早。在中国春秋战国的时候是燕国的国都，后来虽有变化，但到金代和蒙古成吉思汗时期，又先后称燕京。孩子叫燕生，有纪念意义，又含蓄。

母：燕生？京生？叫哪个好？我查了皇历。孩子出生那天是三九的第四天，"三九四九冰上走"，"七九河开，八九燕来"，要不就叫燕子吧，多响亮！

父：燕子——京生——燕生——

母：京生、燕生、燕子、叫啥好呢？

父：啥都好。

还是燕子好听，父母几乎是异口同声地说。

从此，这个女婴有了个响亮而饱含父母之爱的乳名——燕子。

父亲邢春台在抗日民主政权玉（田）蓟（县）宝（坻）办事处五区任小学教员，化名邢雨饰（后一直使用，直至去世）。后来根据革命斗争需要，被调到冀东星火印刷厂担任军事地图绘图员。邢雨饰绘制的地图清晰准确，一目了然，在当时能胜任此项工作的人员奇缺的情况下，邢雨饰成为中国共产党一名不可缺少的技术人才。

抗日战争胜利后，历经战火锤炼，已经成长为一名真正共产党员的邢雨饰，受党的委派，再次投身如火如荼的革命斗争，面临新的考验。他参加了冀东地区的"二五减租"和土地革命，回到司家庄，

△ 1960年6月,《中国青年报》记者王禹时(中)、房树民(右一)等人五访邢燕子,并与邢燕子合影

组织附近七个村贫苦农民召开两千多人的清算斗争大会,领导宝芝麻窝等十四个村的土改复查。

1947年1月22日,国民党保安队和还乡团,随同国民党第九十二军五十六师一六八团攻占了宝坻县城。十七天后,他们与来自玉田的国民党第一四二师四二五团合并起来,共一千七百多人,执行"扫除共产党根据地"的恶毒计划,分东、南、北三路疯狂进袭,制造了骇人听闻的"火烧北大洼"惨案。敌人在袭击过程中,手持美式喷火器，以火开路，进村先抢后烧。一时间，北大洼黑烟滚滚，烈焰冲天，变成一片火海。在司家庄，当敌人搜查到邢家时，爷爷邢永顺（化名邢子和）临危不乱，置生死于度外，在全家人的掩护下，机智地将八路军藏在家中的药箱安全转移。耳濡目染，邢燕子幼小的心灵受到火与血的洗礼，对敌仇恨、对党热爱的革命种子，在她稚嫩的胸中深深埋藏。

邢燕子的童年就是在这个进步、革命的家庭中度过的。父亲和爷爷的言行以及所见所闻，对邢燕子日后思想、性格的形成，行为、处事的准则的确立影响很大。

邢燕子天性乐观，开朗活泼。这个快乐的农家少女，每天和哥哥姐姐或是小伙伴一起提着小竹篮到野地里挖野菜，到北大洼捉蚂蚱、逮青蛙，到河边、水塘里摸鱼。一旦做起事来，显得特别认真，无论谁招呼去玩，都不为所动，所以，她的"收获"总是最多。每当她把这些东西交给母亲，母亲总是不住地夸赞："真是个好孩子。这些孩子里属燕子最实诚，长大了一定有出息。"

可真正玩耍起来的时候，邢燕子又显得比别人开心。她的嗓门儿又高又亮，喜欢唱歌，是小伙伴中小有名气的"歌唱家"。"啊哦哦——"一喊，吓飞树上的麻雀。她的笑声最是清脆响亮，如银铃般，非常动听。

邢燕子生性憨厚，人缘好，不爱计较人和事，小伙伴们都喜欢和她玩。渐渐地，她成了孩子们的"领袖"。在司家庄平坦开阔的土地上，他们尽情奔跑；在司家庄四季的阳光里，他们高声呼喊；在蓟运河清澈的河水里，他们恣意畅游。他们在离家不远的土堤上摘野花、玩游戏；司家庄那片土地散发出的馨香氤氲，让他们忘了忧愁……

童年的快乐是不能忘记的。对司家庄这片土地深深的眷恋，或许就是邢燕子日后不安心天津城里生活、选择回村读书、义无反顾地重回司家庄务农的主要原因之一。

就在邢燕子受这样一个家庭熏陶而健康成长时，一件意想不到的事情发生了。1947年，邢燕子的母亲扔下五个尚未成年的孩子，撒手人寰。幼小的邢燕子，心灵遭到极其沉重的打击。邢燕子过早地懂事了。父亲在外为革命奔波，不能照顾孩子们，邢燕子要为哥哥姐姐分忧，照顾弟弟妹妹，她用稚嫩的双肩，承担起她还不能承担的重任。母亲的离去，生活的艰难，使原本单纯天真的燕子变得沉静、忧思。一个人的时候，邢燕子就默默地想心事。

回忆童年往事，邢燕子格外动情。她说："在我的记忆里，母亲的影子已经模糊了，但我身上有母亲传给我的品格，勤劳善良，不怕吃苦，从不喊累叫难，韧劲十足。失去母爱当然很不幸，可是让我学会了独立、认真，懂得了责任和任劳任怨。父亲对我的一生影响很大，他为革命整日忙碌奔波的身影，深深地印在我的脑海里。现在回想起来可以肯定地说，我对党的深厚感情，是在父亲的影响下开始的，并且，就是从那时起在心里生根的。生了根，就要长成大树，谁也挡不住，改不了。"

1949年，中华人民共和国的成立，揭开了中国历史新的篇章。一百多年来，殖民主义者、帝国主义者同封建统治者勾结起来，奴役中国人民的历史和内外战乱频仍、国家四分五裂的历史从此结束。处于水深火热之中的司家庄人民和全国人民一道迎来了全国的解放，开始了翻身、自由、独立的新生活，司家庄人民开始了与以往不同的命运。更值得庆幸的是，男女平等的新政策，使邢燕子这个农村少女，摆脱了"斗大的字不识一个"、嫁夫生儿育女、"炕上一把剪子，地下一把铲子"地位低下的旧有女性命运轨迹，有了进城读书受教育的机会，在社会上享有与男性同等的权利，为她日后的成长，提供了良好的先决条件。

　　1949年10月，邢雨饰转至天津铁路局，在天津铁路局印刷所任副所长，有了安定的工作生活。常年奔波在外，直到这时，他才深刻体会到"有国才有家"的道理。邢雨饰决定把乡下的老人、孩子接来天津城里。可是，邢燕子的爷爷邢永顺说什么也不来天津，他说故土难离，他让邢雨饰把几个孩子带走，他留在司家庄故里。见老人留意已决，劝说无效，邢雨饰也只好带着几个孩子来到天津。一家人高高兴兴地住进位于天津市河北区王串场的天津铁路局职工宿舍。1953年后，这里建起大片平房，一间平房连成排，一排排平房连起来划成段，房屋结构大体相同，被称作王串场新村。这些平房作为公房分配，邢雨饰一家住在16段3排50号。

　　面对硝烟过后的天津，面对新的生活环境，邢燕子感到既陌生又新鲜。在天津的街道上，她看到一队队威武雄壮、手持钢枪的解放军战士，一家家临街的商家店铺，一件件叫不上名字的商品。最让邢燕子难忘的是，她和家人、邻居从街上的广播喇叭里一遍遍聆听了毛主席庄严的宣告：中华人民共和国中央人民政府今天成立了！她和周围的每个人一样，迎来了人民企盼已久的新中国的诞生。虽然幼小的她还不大明白到底发生了什么，但她想这一定非常重要，不然为什么大家每次从喇叭里听到这个声音，都会纵情欢呼、跳跃？后来有一天，她禁不住问父亲这个问题，父亲告诉她："毛主席是全国人民的大救星，他让人民翻身得解放，过上好日子，他让邢燕子有了上学的权利。"邢燕子似懂非懂地点头，从此，毛主席这个被亿万人民敬仰的伟人，成为她心中一座永远高耸的丰碑！可以想见，当她出名后第一次见到毛主席、握着老人家的大手时，怎么能不激动万分、热泪横流！怎么能不下定决心，永远听毛主席的话，跟着共产党走！

父亲邢雨饰按邢氏家族的谱系排列。为她正式取名：邢秀英。此后，从 1949 年上小学一年级到 1960 年唐山地委书记马力为她改名，十一年间，她一直用这个名字——邢秀英。尤其是在校期间，她的学生时代，老师和同学们都这样称呼她。而司家庄的乡亲们更爱唤她的乳名——燕子。

提到上学，邢燕子当然高兴得合不拢嘴。那天，她很早就起床了，穿上那身自己最喜爱的乡下土布衣裳，腋下夹着课本，跟在父亲身后，忐忑不安地走进学校。这所学校的名称是天津铁路局职工子弟小学。一进校门，就看到迎面的教室。教室是几排灰色起脊平房，一排六间，里面传来老师的授课声和学生琅琅的读书声。东面是操场，操场很大，在秋末清晨的阳光里静思。一位年轻的男老师领着邢燕子，来到一间教室门前停下，他走进去对正在上课的女老师说了几句什么。邢燕子胆怯地一抬头，看见教室门框上挂着小木牌：一年一班。走进教室，女老师向大家作介绍说，这是大家的新同学，她叫邢秀英，以后就是我们班的同学了。"欢迎新同学"，班长站起来带头喊，同学们伸出小巴掌，使劲地拍着。邢燕子不敢抬头，脸红红的烫烫的，心"咚咚"跳个不停，紧张得几乎喘不上气来。邢燕子插班读一年级，课本第一页这样写着：吃水不忘挖井人，时刻想念毛主席。

1950年10月开始的抗美援朝战争，给邢燕子留下深刻记忆，为了保家卫国，中国人民志愿军跨过鸭绿江，进入朝鲜北部地区，与朝鲜人民并肩作战，抗击美帝国主义。天津铁路局职工子弟小学也立即掀起轰轰烈烈的抗美援朝运动。邢燕子和同学们一起组成宣传小分队，在老师的带领下走上街头，手持写着标语的小彩旗，高喊口号，宣传抗美援朝。此后战报频传。学校里布置展览，召开演讲会，控诉美帝罪行，激发同学们的爱国热情，邢燕子怀着崇敬的心情，提笔给前线的志愿军战士写慰问信，把自己的零用钱捐出去。

在天津铁路局职工子弟小学，邢燕子体育成绩突出，跑得快，跳得高，还得过奖。她诚实，守信用，人品好，逐渐被同学们认可，老师们也喜欢这个淳朴憨厚的农村孩子。这样，一转眼，邢燕子就读到了三年级。

1953年，父亲邢雨饰的工作更加忙碌，他被调到天津轻工业局印刷厂任副厂长，投身新中国大规模、有计划的经济建设，执行国家建设的第一个五年计划。对此，邢燕子感受颇深。她曾说："那时父亲总是没日没夜地忙，我们几个孩子很少看到他，晚上睡了还不见他回家，有时几天几夜不回来。"

尽管如此，邢雨饰并未因工作繁忙而淡忘了独守司家庄的父亲邢永顺。经过深思熟虑，邢雨饰终于做出一个决定，让自己身边的一个孩子回司家庄去陪伴他们的爷爷。一天晚饭，一家人围坐在饭桌前，邢雨饰逐个征求孩子们的意见。他发现，女儿燕子去意最坚决。到天津三年了，邢雨饰当然明白燕子心里想的是什么，梦的是什么，他点点头，最后说那就让燕子回司家庄陪爷爷吧。

司家庄和天津城里，是截然不同的两种生活天地。1953年的初秋，邢燕子回到了她日思夜想的司家庄，读初小四年级，和爷爷共同生活。此时的司家庄呈现出与往日不同的热火朝天景象，司家庄人为了过上"楼上楼下电灯电话"的生活，用努力增加生产、积极交纳农业税和交售粮棉的实际行动支援工业建设。城里，邢燕子功课好，到了这里，她的学习成绩自然鹤立鸡群，再加上她爱帮助别人，劳动时从来不怕脏不怕累，不偷懒耍滑，在同学们中间威信很高。

初小毕业，邢燕子继续到邻村宝芝麻窝读了两年高小。每天她书包里装上两个红高粱面饼子当午饭，来回步行三里路。遇上雨天，道路泥泞难行，就脱下鞋，光着脚走在烂泥里。风霜雨雪，一路坚持下来。生活的艰苦，从未泯灭她开朗活泼的天性，上学放学的路上，总能听到她甩着胳膊高歌，歌声在田野里、在小路上、在旷远的天际里回荡。高小期间，邢燕子思想进步，吃苦耐劳，热心帮助同学，事事处处带头走在前面，表现突出，首批加入了共产主义青年团，成为一名光荣的共青团员。

已是共青团员的邢燕子知道，1956 年，社会主义制度在中国已经建立起来，如何建设和发展中国的社会主义经济、政治、文化，成为全党所面临的全新课题，全党上下精神振奋，急切地想做出一番新的伟大的事业。北大洼地区，"变水患为水利"工程取得巨大成效，挖了潮白河，搭高了蓟运河堤。包括司家庄在内，形成了纵横交错的河网化，为种植水稻和其他耐水作物打下了基础。

　　就在这一年，邢燕子以优异的成绩考入离家三十里路的巴庄子中学，成了一名住校生。邢燕子生活上艰苦朴素，从不挑吃挑穿。学校离家远往返不便，每次回家，邢燕子就带足一个月的干粮——一口袋高粱面、玉米面贴饼子和一兜家腌老咸菜。啃饼子就咸菜喝白水，就是邢燕子每天的早中晚餐。衣服破了，她找来针线自己缝。周日不回家，她就帮助校工干杂活。她把董存瑞炸碉堡、黄继光堵枪眼的宣传画片贴在床头最显眼的位置上，以此激励自己，报效祖国。

　　邢燕子和全校师生一起，学习了 1957 年 4 月 8 日《人民日报》的社论《关于中小学毕业生参加农业生产问题》。社论指出，由于条件限制，目前我国中、小学毕业生还不能全部或多数升学，要有很大一部分转入农业生产战线。这是正常现象、长期现象,是好事情。要求青年克服下乡种地"丢人"、"没出息"、"吃亏"等思想问题,从党和人民利益的大局出发,毅然决然地、愉快积极地投入到农业生产劳动中去。

基于此,1957年,巴庄子中学响应党的号召改为农业中学,农业中学担负着为农业培养技术人才的重要任务,教学结合生产,理论结合实践,一周有三天时间让同学们当社员,三天时间学习文化知识,所设课程所安排的内容与农业生产紧密地联系起来。作为农业中学的学生,每星期三天的农业劳动,让邢燕子经历了种种艰苦劳动的磨炼。这更加注定了邢燕子与农业的不解之缘。校园里到处都是这样的口号:"一切可以到农村中去工作的这样的知识分子,应当高兴地到那里去"、"立志做祖国第一代有文化的农民"、"到农村去安家立业"、"做社会主义事业接班人"。

正规的社会主义学校教育,八年的学生生活,邢燕子不仅学到了文化知识,更重要的是,在老师的引导教育下,她的社会主义理想信念得以初步形成,她的人生观、世界观得以初步树立,这些,使邢燕子有了正确的政治方向。农业、农村,更深地植根于邢燕子心中,没有什么比做有知识的青年农民更具吸引力、更能实现自己人生抱负的了。

"大跃进"口号被第一次提出时,邢燕子即将中学毕业。少女的憧憬,祖国的需要,无时无刻不在激励着她。邢燕子带着少女的梦想,开始了人生的旅程。

➡ 回乡务农

★★★★★

1958 年 7 月，邢燕子从宝坻县巴庄子农业中学毕业，正值"大跃进"运动风起云涌之时。

邢燕子本来可以继续升学、深造，但她想也没想就放弃了。在当时的社会形势下，邢燕子早就下定决心，将改变家乡落后面貌视为自己的崇高理想，她要把"做祖国第一代有文化农民"的决心化作实际行动，她要和司家庄人民一道，尽快改变家乡经济文化落后状况。

邢燕子依依惜别了老师和同学，告别了她学习生活了两年的中学校园，走出校门。三十里外就是她从小就寄予深情的司家庄，她恨不得插上翅膀真的变成一只燕子，一下子飞回去，早日大显身手。

邢燕子是一路小跑进村的。

1957 年秋末到 1958 年夏天，三百多天未下透雨，司家庄遇到了三十年未见之大旱情。社员们挑水点种，套沟滤水，沉淀污水，千方百计完成了播种任务。没想到 7 月 28 日后，又连续三天三夜大雨，沥涝成灾。在抗洪排涝的日日夜夜里，邢燕子看到，全村社员几乎没有回过家，他们昼夜排水，补种晚秋作物，奋战在第一线。这件事给邢燕子极大触动。她幼年受过革命家庭的熏陶影响，在学校受到规范的教育培养，本性淳朴，内心充满朴素的阶级感情。邢燕子再也坐不住了，她做好了一切准备，要大干一场。

看到孙女燕子中学毕业回到自己身边，爷爷邢永顺当然非常高兴。但当他得知孙女燕子是回村参加农业劳动的，就提出了反对意见。他认为农村还很贫困，城里的生活要好得多，他要求邢燕子回到她父亲身边去。

邢燕子的家在天津，此时，邢燕子的父亲邢雨饰已改任天津搪瓷厂副厂长，邢燕子回城工作顺理成章，让父亲留意一份工作不是太难办到的事。况且，邢燕子的伯父在北京做事，姑夫在呼和浩特工作，如果不愿回到父亲身边，她还有其他离开农村的途径。面对爷爷邢永顺的态度，邢燕子左右为难，眼看自己的理想将化为泡影，不禁心急如焚。邢燕子一向孝敬爷爷，长年相依为命的生活使爷孙俩感情深厚，她不忍伤老人的心，虽对爷爷的不理解感到委屈，但爷爷冒着生命危险为八路军藏药箱的一幕一直浮现在她的脑海里，她相信爷爷这样做，自有他的道理。

邢燕子表面上顺从了爷爷，离开司家庄，回到天津的家中，兄弟姐妹相见分外高兴，姐妹互叙离别思念之情，诉说离别岁月里发生的事。邢燕子还到族亲中看望了本门亲属。这时，邢氏家族已热热闹闹地有二十九口人生活在天津，而司家庄只有爷爷邢永顺一人。

比起乡下来，天津城里确实舒适。吃水不用肩挑，吃饭不用种粮，有白面、精米。这里，有车水马龙的繁华，有海河碧浪轻飘的清幽，诱人的商品，尤其是时髦的穿着，对一个女孩子来讲，最具吸引力不过了。更重要的是，有了城里户口，将来不愁嫁个好丈夫，一辈子过城里人的安逸生活……而在司家庄呢，邢燕子吃的大多还是高粱面、玉米面饼子，衣服晚上洗白天穿，没有可以替换的，因为连属于自己的被褥都没有，还要借宿在邻居谢大妈家……

然而，这一切，都不能改变邢燕子实现自己理想的决心——做祖国第一代有知识有文化的青年农民，改变家乡的落后面貌。

父亲邢雨饰还是那么忙，回家很晚，难得空闲，邢燕子非常想向父亲说明自己回乡劳动的打算，希望他做爷爷邢永顺的工作，帮助自己实现人生志向。在天津家中二十多天的时间里，邢燕子坐卧不宁。令她高兴的是，父亲终于有了闲暇，父女有了谈话的机会。

那是一次晚饭后，父女俩在街上散步。邢雨饰看着走在自己旁边、身高已经和自己相差无几的女儿，眼含深情，记得当初离开时她只到自己胸口。邢雨饰开口道："燕子，爸爸知道你毕业了，需要一份工作。但是现在社会主义建设蓬勃开展，哪里都需要你这样有知识的青年，我相信你在哪里都会是好样儿的。但我想，还是司家庄最需要你。"

邢燕子眼睛一亮，面露喜悦。她没想到，

父亲的想法与自己不谋而合，之前还担心怎么和父亲谈这件事。她长舒了一口气，回答说："爸爸，我也是这么想的。"

父亲说："那太好了，你上的是农业中学，学了不少农业知识，应该把所学的知识用在农村，用在咱司家庄。"

邢燕子点点头。

父亲继续说："农业是国民经济的基础，现在全党大办农业，作为有志青年，特别是共青团员，首先应该考虑党的需要。家乡现在还很落后，爸爸干了半辈子革命，都是在外奔忙，所以我还希望你替爸爸圆一个为家乡建设出点力的梦。"

邢燕子更深地点点头。她向父亲叙说了爷爷对此事的看法，担心地问："爷爷那里怎么办？"

父亲十分有把握地回答："我最了解你爷爷，他是舍不得你吃苦。你放心，当初他能支持我干革命，现在也能支持你搞建设。关键是要用你的行动向爷爷证明你的决心。这样你就会得到爷爷的支持。"

邢燕子半信半疑。

父亲最后说："爷爷孤身一人，今年73岁了，他不愿意到城里来，因此，我也希望你在爷爷身边，替我尽孝。燕子，好孩子，回乡务农是光荣的，也是巨大的考验，艰难困苦在等着你，要做好吃苦的准备，要能吃苦，肯吃苦。"

邢燕子说："放心吧，爸爸。我不会给您丢脸的，我一定好好干。"

就这样，天津城里寂静的夜晚，邢燕子躺在床上，听到了司家庄那块热土的声声召唤：回乡务农，回乡劳动，回乡参加建设。

邢燕子回司家庄的消息不胫而走，人们很快得知：燕子要在司家庄扎根，要和乡亲们一起为改变家乡落后面貌出一份力。儿时的伙伴，都出落成俊俏的姑娘了，她们从小彼此深知，她们相信她们的小伙伴燕子一定会回来的，就像当初到天津去上学，三年后归心似箭地欢快飞回来一样，燕子的心系在司家庄这片土地上，这一点同龄的姑娘们心里非常清楚。然而，有些人还是认为她太傻，不会在司家庄坚持多久。

邢燕子志在云霄，在乡亲们赞赏或怀疑的目光中，她以自己百倍的信心和决心，投入到农业生产的实践中去了。她要用自己的知识和青春，为改变家乡的落后面貌，为建设社会主义新农村出力、流汗，充分展示祖国新一代知识农民的风貌。

从天津回到司家庄的第二天，天刚亮，邢燕子就一骨碌从炕上爬起来，她穿上昨晚就准备好的劳动服装，匆忙洗了把脸，说了声"爷爷我去找董大爷了"，就头也不回地朝门外跑。

邢燕子气喘吁吁地跑到村党支部，老支书董德林还没有来，她又跑回大门口焦急地张望，董德林的身影一出现，邢燕子就跑上前去，说："董大爷，我回村参加劳动来了，我干啥活儿？您分配吧。"

董德林看到邢燕子一副迫不及待的样子，笑了，说："别急，进屋来说。"坐定了，老支书董德林先是询问了邢燕子有什么想法，然后说：

"回村参加劳动，很光荣，村里也需要像你这样有知识的青年，以后好好听党的话，好好劳动。"一番交谈后董德林问："燕子，回队参加劳动，你想干啥？"

邢燕子干脆地回答："干啥都行，我服从分配。"

董德林想了想说："那好，你就先去集体食堂吧。"于是邢燕子到食堂当了一名炊事员。

邻居谢大妈和那些炊事员们，总是手把手地教邢燕子做各种饭菜，直到她能独立操作。接触时间长了，乡亲们打心眼儿里喜欢眼前这个有文化、厚道、淳朴、干活儿卖力气、从不偷懒耍滑的好姑娘。

1959 年春节刚过，老支书把邢燕子叫到跟前，说："燕子啊，我听说做饭、做菜的手艺，你已经掌握得差不多了，你不要在食堂干了，去幼儿园锻炼锻炼吧。"

邢燕子胆怯地问："哄孩子，我能行吗？还是让我下地干活儿吧。"对于当幼儿园阿姨，邢燕子不自信。

"这可是个重要的工作，你是个有知识的青年，想大有作为，这个我清楚，但那不是着急的事。你放心，以后我会给你下地干活儿的机会的。我老了，得让你们年轻人尽快成长起来，接我的班。"董支书继续说道，"咱村五十八户两百七十多口人，常年在家的男劳力不过十人，全村两千多亩土地基本靠妇女耕种。现在春耕春种，男劳力都出河工了，地里急需用人。所以咱们只有把幼儿园扩大，才能解放更多的妇女参加劳动。你是共青团员，年轻有文化，正好发挥特长，这也是不少孩儿妈妈的心愿。你一个人去了，可以解放几十个妇女呢！"

听董支书这样一说，邢燕子深感惭愧："那好，我去！"她向董支书表示:"我听党的话,困难再大,也要干好,您就放心吧。"

上任后,邢燕子首先给小朋友讲"饭前便后要洗手"的道理,以故事的形式讲细菌的害处。邢燕子想尽各种办法,结合幼儿园的实际情况,自编歌谣,教给孩子们唱。每天,她为孩子们清洗干净,鼓励孩子们讲卫生,比比今天谁最干净,在评出的最干净的孩子名字后面插上小红旗。她带着孩子们画画、唱歌、猜谜语,玩丢手帕、老鹰捉小鸡的游戏。孩子们特别喜欢他们的燕子阿姨。经过一段时间的苦心培养,邢燕子所带班里的三十多个孩子,个个干净整洁,守纪律,懂礼貌,明事理。

有时遇上田里活儿忙,孩子晚走,她就把各班晚走的孩子都聚在身边,陪孩子们游戏,孩子睡着了,她悉心照看。邢燕子不辞辛苦,受到孩子家长的好评,也得到幼儿园其他阿姨的称赞,说:"还得说人家燕子,有知识的青年人,就是和咱哄孩子不一样。"家长们都愿意把孩子交给邢燕子,说把孩子放在燕子阿姨手里,放心,安心。

1959 年 4 月的一天,春光明媚,有一位公社领导来到司家庄,他在董德林支书的陪同下,走进司家庄幼儿园。这个人,就是大钟庄公社第二书记杜元亨,此前杜元亨担任宝坻县委组织部副部长。杜书记早已从董德林支书的介绍和乡亲们的口碑中得知有个乳名叫燕子的年轻姑娘，中学毕业，有知识有文化，不继续升学，也不留在舒适的大城市的家里，主动回乡务农，踏实肯干，表现突出，是个好苗子。来到幼儿园，杜元亨一眼就看见光着脚板、开朗大方、忙上忙下的邢燕子，他既赏识又感动。他详细询问了邢燕子中学毕业后，参加农业生产的情况，对邢燕子的行动加以肯定、赞扬和支持，并说"燕子"这个名字好听、好记，他勉励邢燕子继续努力，好好干，争取有所作为。

"谢谢，谢谢。"邢燕子平生第一次接触公社领导，紧张得只知道说"谢谢"两个字。

从幼儿园出来，杜元亨反复叮嘱支书董德林说，燕子是个好苗子，要好好培养。

"三春"大忙季节过后，不少孩子妈妈歇业回家了，幼儿园的孩子少了。1959 年 7 月是个炎热的夏季，邢燕子请假到天津探望生病的父亲。父亲详细询问了邢燕子在司家庄的表现，很满意。他语重心长地叮咛女儿燕子，一定不要辜负党和毛主席他老人家对青年人的希望，努力干，在农业战线做出成绩来。

从天津回村后，邢燕子终于如愿以偿，被充实到生产第一线。

参加田间劳动，是邢燕子盼望已久的，这次她终于可以像父亲说的一展身手了。

走进田间，邢燕子参加了改土治碱和深渠河网建设，按照水、肥、土、种、密、保、管、工的农业"八字宪法"进行科学种田。特别是参加了修造台田和条田的"战斗"。

台田宽二三十米，长五十米，四周挖排水（咸）沟，上口宽三米，底宽零点五米，四周筑堰，台面有埂；条田宽五十米，长度不定，标准同台田排水沟，外围筑堰。挖沟排水，抬高地面，平时压碱洗碱，雨季搭埝蓄水。肩扛锄头，披星戴月，是对邢燕子那段劳动的定格。

在 1959 年那个炎热的夏季，时有暴雨侵袭，蓟运河水位上涨，司家庄严阵以待，进入了防汛期，为做好防汛准备，邢燕子又接受了堆"土牛"的任务。

司家庄以西百十米，有一条护河土堤，宽数丈，高有丈余，据说北达北京密云牛栏山，南至塘沽，为的是挡住堤西的沥水入侵。这道堤防，是庄上两千多亩庄稼丰收的重要保证。"土牛"都堆在堤顶，每个长两米、宽一米、高零点五米，间隔二三米，以备汛期抢险补漏之用。

"土牛"堆成后，远远望去有如长城城墙布满垛口，威严壮观。由于取土要到堤内脚三十米、堤外脚二十米外（实际远达百米开外），堆"土牛"是公认的一项重活儿，因此每个小队的任务是五十立方米。

这一年，堆"土牛"打堤埝赶上了连雨天，上游沥水也不断下泄冲击堤埝，北大洼一片汪洋，蓟运河水暴涨平堤。邢燕子想：接受党考验的时候到了。她串联了十来个姑娘，组成"司家庄姑娘队"。这十来个姑娘大多是共青团员。

邢燕子把这个情况向老支书董德林做了汇报，支书董德林非常器重邢燕子，他支持邢燕子的这一行动。就这样,以邢燕子为首的"司家庄姑娘队"由此成立,邢燕子担任队长。邢燕子对姑娘们说:"现在正是龙口夺粮的关键时刻,咱们团员青年应该多干、干好,完成堆'土牛'这个艰巨任务。"

当时阴雨连绵。在邢燕子的带领下,这样感人的一幕出现了:天上正下着雨,堤埝上,湿淋淋的劳动人群。一群年轻的姑娘们走向董支书,向他请战,邢燕子站在最前面,她们自愿要求增加二十立方米的土方任务。

"咋着,你们不要命了?"老支书董德林坚决地说,"不行,这大雨泡天的,土不好弄,路不好走,你们的身子骨还嫩,累坏了可不是闹着玩儿的,那样我对不起你们的爹妈。"

姑娘们齐声说:"我们不是温室里的花朵,再苦再累也要向老天爷要粮食!"

正在干活儿的社员们直起腰,看着眼前的情景。

"我们都是铁姑娘,就要让大伙看看铁姑娘的风采。"

"您就答应了吧,我们保证完成任务。"

董德林沉吟半晌,眼眶潮湿,答应了。老支书董德林站在大堤上,挥着手,用洪亮的声音对大家说:"共产党员们,共青团员们,为了保证庄稼不被淹,大家伙都能吃上饭,我们要坚决保住堤埝安全,不让洪水作孽。"

"保证完成任务!"共产党员和共青团员的誓言盖过了风雨声。

大堤上群情振奋,看到关键时刻共产党员、共青团员都站在前面,社员们干劲更足了,纷纷说咱司家庄姑娘们是好样的。大家的脸上分不清哪是雨水,哪是汗水。

接下来的日子,司家庄没有一个人退缩,各队之间展开了竞赛。十来个姑娘每两人抬着一百多斤重的泥兜,争先恐后,你追我赶,没人叫苦，没人喊累。"一双手，一副锹。斗倒龙王战胜天"，大家只有一个信念，就是争先进，插红旗，当穆桂英，为多打一粒粮食拼命流汗。

在种种考验面前，邢燕子以其鲜明的个性、铿锵的誓言和坚决的行动创造了最突出的成绩，脱颖而出。得到司家庄乡亲们的认可，得到董德林支书的赞扬，得到大钟庄公社领导们的进一步关注培养。

从此，"司家庄姑娘"，开始在司家庄叫响，在大钟庄公社叫响。人们看到哪里最艰苦哪里就有姑娘们劳动的身影。邢燕子高立姑娘队之首，这支队伍豪情万丈，斗志昂扬，这支队伍随秋风远航，伴春光成长。

➡ 冰上治鱼

★★★★★

司家庄乡亲们在支书董德林的带领和"司家庄姑娘"榜样感召下，焕发出前所未有的劳动热情，他们积极向前"大跃进"，战天斗地,昼夜苦干,响应毛主席的号召,尽快改变贫穷落后的面貌,早日富强起来,实现中国人民梦寐以求的理想。大家都坚信,在迅速取得一连串伟大胜利的中国人民面前,没有什么事情是做不到的。可是,虽然司家庄的乡亲们付出了十分艰辛的努力,但在汹涌的洪水面前,司家庄1959年的粮食作物还是遭受了巨大灾害,稻子没种上,麦子涝了,只收了一些高粱,全村社员冬春口粮成为燃眉之急。在党支部号召下,司家庄的乡亲们开始了生产自救。

邢燕子与"司家庄姑娘"集思广益。大家说咱们农业损失副业补。干啥好呢?姑娘们有的主张用蒲草打草帽辫,有的建议把妇女组织起来纳鞋底,有的提议还是割苇子打苇帘好。你一言我一语,出了很多主意。邢燕子把姐妹们带到村北一个大坑前。

这个大坑有好几亩大,一人多深的水,不时有鱼翻上水面,形成一个个水花。"看见没?"邢燕子说,"这是咱小时候玩儿的地方,常年积水,从来没干过,有人钓过十多斤重的大鱼,所以我估计坑里的鱼一定少不了,咱们能不能把水淘干了,来它个水落鱼出?"

大家面露惊喜,纷纷表示赞成。邢燕子没想到姑娘们这么心齐,便高兴地把这件事向老支书董德林做了汇报,得到支持。

第二天下工后,坑边站满了看热闹的人,大家都想看看,看这群把裤腿卷得高高、把辫子绾在脑后的年轻姑娘们,如何创造司家庄女人治鱼的历史。

在老人的指导下,邢燕子她们选好出水口,首先打了一道挡水埝,然后水车水桶齐上阵,两人一组轮流挥动戽斗(一种提水工具,用粗绳缚于水桶或笆斗两边,两人相对站于岸边,双手各执一绳,以协调的动作将坑塘之水提出)往外提水。胳膊酸了,手磨破了,汗湿透了衣衫,头发打了绺,满身的泥浆,她们全然不顾。一个傍晚、两个傍晚、三个傍晚，随着时间的推延，坑中的水越来越少，一些浅水处开始出鱼。这使姑娘们的信心倍增。终于，到了出鱼的时刻。出鱼那天，不仅"司家庄姑娘"们兴奋异常，还几乎惊动了全村的男女老少。那情景，人山人海，欢声笑语，仿佛司家庄遇上盛大的节日。

大坑中出鱼虾竟多达几百斤，有鲫鱼、鲤鱼、草鱼、黑鱼、嘎鱼、白鲢、鲇鱼，有泥鳅、鳝鱼，还有田螺、螃蟹、虾，最重的一条鲇鱼竟有五十多斤重。姑娘们多日的疲劳一扫而光，个个喜笑颜开，高声说笑。乡亲们欢呼着纷纷上前帮忙。这些鱼，绝大部分拉到集市上卖，增加了集体收入。当天晚上，司家庄家家户户吃上贴饽饽熬鱼，鱼香飘在整个村子上空，久久不散。乡亲们忘不了朴实能干的司家庄姑娘，忘不了"司家庄姑娘队"，在那个队里，属19岁的队长邢燕子最能干。

上级组织表扬了"司家庄姑娘队"，说："并不是她们天生不知道劳累，是她们那股子改变家乡面貌的迫切愿望和远大的革命理想激励着她们，使她们产生了无穷力量。"

很快，冬天到了。司家庄四周一片冰原，厚达三尺，没有什么农活儿可做。然而邢燕子她们怎么坐得住呢? 面对窗外白花花的世界，听着呼啸不止的北风，一个新的计划在邢燕子心中酝酿并逐渐成熟：到冰上去治鱼。这时的"司家庄姑娘"增添了新生力量，队员发展到二十人，其中有十六人是未婚姑娘。队长邢燕子再次征求姐妹们的意见。

有人提醒："燕子，冰上治鱼，那可是男人干的活儿。"

队员邢连荣说："我看行，淘鱼咱没干过，不是也成功了？"

"对，不干哪知行不行！"另一个队员刘连荣也附和着说。

"那好，既然大多数人没意见，咱就去找老支书。"

"那可不行，冰上治鱼可不比坑里淘鱼，不仅靠力气，还要凭技术。这冰天雪地的，我不能让你们这群孩子遭罪！出了事，我对得起谁呀。"董德林连连摇头，表示反对。

"没技术俺们学！""俺们不怕遭罪！"姑娘们唧唧喳喳，磨来磨去，弄得老支书没了主意。

邢燕子说："您就让俺们试试吧，为了生产自救，就是天上下刀子俺们也有办法顶住。"

面对姑娘们的真诚，老支书实在想不出拒绝她们的理由，只好说："那就试试吧，我给你们派个技术员，帮助你们，你们听他的。"

老支书给姑娘们派来的技术员姓王，名学芝，年轻，能干，中共党员，心灵手巧，为人诚恳。王学芝，后来成为邢燕子的丈夫，伴其一生。

冰上治鱼首先是看水头，凭水头判断下面是否有鱼，这些对于王学芝来说是轻车熟路；其次是凿凌眼，冰足有三尺厚，几十斤重的冰戳凿不了多久就会吃不住劲儿。在王学芝的指导下，姑娘们先是凿一个长方形与网同宽的冰洞，然后每隔出一两米远顺势凿一个圆形冰洞，在通道尽头再凿一个长方形与网同宽的冰洞，然后将渔网慢慢从第一个冰洞里撒进水，再用竹竿将渔网绳送入第二个冰洞、第三个冰洞……最后，大家站在最后一个长方形冰洞前把渔网拉出来，用手拉网，出鱼，或者用肩拉。姑娘们劲头儿很足。大家拉着渔网，扛着冰镐，顶着凛冽的寒风在冰上作业。汗水常常是先湿透了衣服，然后又冻成冰。

最艰巨的考验是出鱼。网绳出水后，很快结成冰，手攥上去，冰冷而疼痛，而后被冻得麻木，弄不好就会粘掉一层皮。冰绳扛在肩上，她们低着头用力拉，肩膀磨破了，一层嫩肉，一层血丝，一层硬茧，她们二十一个人，仿佛冰雪纤夫，从远处望去，悲壮而昂扬。冰水溅在身上，转眼冻成了冰砣，稍一闲歇，北风真像刀子一样刮在脸上。队员董维芝不慎滑到冰洞里，被救出后，回家换了件衣服就又回到治鱼场；刘连荣深夜回家烤火时发现，脚和鞋冻在一起，费了九牛二虎之力把鞋脱下来，才发现脚早就冻伤了；副队长王淑华不小心摔破了胳膊，邢燕子毫不犹豫地从自己的衬衫上撕下一条布，为王淑华包扎……每每看到冰上治鱼的景象，老支书董德林便湿润了眼睛。

最高兴的事也是出鱼。当一条条欢蹦乱跳的鲜鱼，从网中捡到筐里时，在姑娘们的眼里，那分明是老人的棉衣、孩子们的文具、牲口槽里的草料、地里的籽种。每当此时，姑娘们忘了冷，忘了累，忘了疼，她们被收获的喜悦包围！

夜以继日，连续作战，这次冰上治鱼，又换回了一千六百多元人民币！

正如后来邢燕子所说："那时候，我们村里连买窗纸的钱都没有。当时我就想，只要能为乡亲们做贡献，为乡亲们摆脱贫穷，再苦再累也值。"

白天冰上治鱼，晚上她们继续挑马灯夜战，硬是坚持每天晚上再苦干两小时，打苇帘，编草帽辫，为生产队增加更多一点的收入。

夜深人静回到家，邢燕子接着编草帽辫。身为队长，她要比队员们付出得更多才称职。她把自己赚来的六元钱和父亲寄给她的二十元零用钱全捐给了村上。为了早日改变家乡的落后面貌，早日让乡亲们过上好日子，邢燕子恨不得把自己当两个人使，白天黑夜不休息，恨不得一分钱掰成两半花。

多年后，一提起坑里淘鱼、冰上治鱼的事，乡亲们还这样说："那时候，每顿饭只有两个窝窝头，一个月也难得一点儿肉星星儿。可共产党员、共青团员们真是好样的，他们都怕自己干得少，都嫌自己得的多。特别是燕子，苦活儿累活儿她干在最前面，不图名利，一心为生产队挣钱，穿的衣服全带补丁，还舍不得吃。有一次，她参加公社召开的民兵会，队里给了她一块钱饭费，可开完会她又交回队里九毛一，她舍不得买三毛钱的煎鱼和五分钱的菜汤，只花九分钱买了三个粗面饽饽！"

1960 年夏天开始，在全国范围内出现了前所未有的粮食供应紧张局面。华北、山东等地自然灾害不断，粮食减产已成定局，人们纷纷进城躲避，许多地方的粮食供应已到了难以支持的地步。灾荒岁月，国库粮食奇缺，如果人民的吃饭问题都得不到基本保障，其他就什么也谈不上了。种粮，渡过缺粮的难关，成为关系国计民生的大事。

然而司家庄则不同。在全国农村普遍遭受严重自然灾害、粮食紧缺、生活十分困难的情况下，司家庄的乡亲们却由于采取了冰上治鱼、打苇帘等生产自救措施，顺利渡过了灾荒，过了一个安稳的春节。

　　1960年春节刚过，司家庄党支部经过反复讨论，决定再接再厉，乘胜前进，抢种"六九"麦。

　　北方种春麦赶节气，民谚有"种春麦不出九"之说。为了赶在汛期前收获，司家庄已将种麦时令提前在"七九"，就这样，也往往因水涝而减产。1960年1月30日这天，党支部提出种"六九"麦，争取小麦增产。有人不同意这样种法，认为"六九"天气还冷，地还冻着。此举遭到质疑：一是因为全村只剩了八个男劳力，二是地硬耠不起沟，种子没法着床，上边没有土盖，岂不是白糟践麦种？邢燕子初生牛犊不怕虎，她说："种'六九'麦的关键是耠起土来，不试怎么知道行不行？这事交给俺们吧。"

　　2月5日正值立春，寒气依然袭人，邢燕子带领司家庄姑娘们下了地。村上只有三头小牛，其中有两头还不能使。没有牛怕什么，邢燕子把耠子往地上一戳，姑娘们把绳子往肩上一撂，拉起来就走。由于地还没开化，虽然费了很大工夫，却仅能耠起浅浅的一道沟。见此情景，大家真的有些泄气，只好坐在地头想"办法"。

时间一分一秒地过去，突然就听邢燕子说："有了，你们看。"邢燕子扒着刚刚秸过的土沟，"这下边又化了一层。"大家说："对呀，咱再秸一遍不就行了吗？"

就这样，四百三十多亩麦地，邢燕子和她的"司家庄姑娘"，硬是秸了两遍，才使沟深达到了要求。为保险起见，她们又接受老农的建议，先顺沟施肥，再覆土、碾压。往地里背肥又累又慢，她们就改用爬犁，到2月13日"六九"结束，终于全部播种完毕。其后，队里又根据邢燕子的提议，对麦田管理和垦荒及大田作物实行了小包工，责任到人，"司家庄姑娘"播种的"六九"麦以提前九天的优势生长着、成熟着，于夏至一过就开始收割，获得了丰收。

白天种麦，晚上，"司家庄姑娘"仍坚持淘鱼，又为集体增加了一千多元的收入，为购买籽种、化肥解决了部分资金。

唱响邢燕子

→ 叫燕子好

★★★★★

1960年3月，邢燕子所在的大钟庄公社划归汉沽市（由今天津市汉沽区和宁河县组成），同时将汉沽市划属唐山地区。于是，邢燕子的事迹很快被唐山地委书记马力得知，引起地委书记马力的重视，立即派建民公社的副书记祝华，到大钟庄公社当书记，到司家庄蹲点，指示祝华侧重对邢燕子的培养、指导和扶植。同时，马力郑重邀请邢燕子和支部书记董德林到唐山做客。

受到地委书记的邀请自然不是件小事。那是1960年7月的一天，天上还下着小雨，邢燕子在支书董德林的陪伴下，坐着小船，向唐山方向驶去。细细的雨丝网着邢燕子惶惑的心，本来是件激动人心的事，可不知为什么，邢燕子却明显感到紧张和不安，女性的直觉告诉她，仿佛有什么重大变故在等着她。她看着天空，任雨滴湿润润地落在脸上。后来，她索性坐在船舷边，光着脚，将两条腿伸进河水里，摘掉头上的草帽，任细雨打在身上、脸上，弄湿她。小船慢慢地在水上走着，两岸的房屋树木在注视中退去，清凉的河水一波波温柔的抚慰，才让邢燕子的心渐渐平静下来。

上了岸，他们换乘汽车，经过九十里路的颠簸，邢燕子和老支书董德林，住进了唐山地委招待所。

△ 邢燕子在试验田

在招待所的一个大房间里，马力坐在门的迎面，邢燕子和董德林坐在一侧。马力四十多岁年纪，中等身材，魁伟，声音响亮，目光炯炯，周身上下透着中年男人特有的睿智精干。刚一坐下，马力书记就侃侃而谈，他谈到大钟庄公社，谈到司家庄和司家庄的姑娘们，谈到坐在他面前的邢燕子，如数家珍。马力书记对邢燕子的情况了解掌握得一清二楚，颇令邢燕子惊讶、感动。

邢燕子老老实实地坐在椅子上，双腿并拢，两手插在两膝之间，一脸羞涩，一点找不出在田里劳动时，战天斗地的"铁姑娘"模样。

马力见邢燕子紧张的样子，就故意帮她放松，以消除邢燕子紧张的情绪。他问邢燕子队里姑娘们的情况，问她拼命苦干的内在原因等等。虽然马力没有官架子，但邢燕子仍紧张得流汗，她点头或摇头，回答"是"或"不是"，很多问题都由董德林替她作答。虽然如此，但马力还是发现了邢燕子身上的一份踏实。一番观察分析之后，马力相信邢燕子是个可以树起来的好典型。

三人继续交谈。

"你的乳名叫燕子？！"听说邢秀英的乳名叫燕子，马力书记的眼睛放光。

邢燕子茫然不解，她不知为什么，马力书记对她的乳名发生了这么大的兴趣，她解释说："我从小叫燕子，在北京出生的时候取的，学名叫邢秀英。"

"好啊！太好了！燕子，燕子——"马力兴奋之情溢于言表。他拿出一张 1960 年 4 月 11 日的《唐山劳动日报》，说："你们看，这是全国人民代表大会第二届二次会议通过并公布实施的（1956年至1967年全国农业发展纲要），要求全国粮食生产从1956年开始，在十二年内每亩平均产量‘在黄河、秦岭、白龙江（青海境内）以北地区，由1955年的一百五十多斤增加到四百斤’，这叫‘上《纲要》’；‘黄河以南、淮河以北地区，由1955年的二百零八斤增加到五百斤’，这叫‘跨黄河’；‘淮河、秦岭、白龙江以南地区，由1955年的四百斤增加到八百斤’，这叫‘过长江’。所以说，‘燕子’这名字太好了，我看以后你就叫邢燕子，燕子可以成群结队，飞过黄河，跨过长江，多有气魄。”说到最后，马力的右手还很有气势地一挥。

邢燕子感到自己的脸一下子火烧一样烫，邢燕子？邢燕子！过黄河、跨长江？

老支书董德林见燕子涨红着脸不说话，连忙说：“好啊，我看这名字改得好，响亮，比邢秀英这名好听，又有意义，从今以后就叫邢燕子！在咱司家庄飞，在大钟庄公社飞，在唐山地区飞，飞过黄河，飞过长江，飞遍全国，好！”

马力接着对董德林说：“‘司家庄姑娘’历来没有一个正式的名称，我看就一鼓作气，改为

'燕子突击队'，你看咋样？"

董德林使劲点头："好！邢燕子，燕子突击队，好啊！"他转向邢燕子，说："这是党对你最大的信任和希望，今后你要好好干，不辜负马书记和党组织的培养，要真正飞起来。"

从此，邢秀英正式改名邢燕子。司家庄村党支部将"司家庄姑娘"正式命名为"燕子突击队"。

哪里有困难，哪里就有"燕子突击队"；哪里最艰苦，"燕子突击队"的姑娘们就在哪里出现。她们走到哪儿，那面白地红字"燕子突击队"的大旗就插在哪儿的最高点，迎风猎猎飘扬。

△ "燕子突击队"的试验田小麦亩产达到六七百斤

△ 1961年2月，在夜校辅导学员上课

　　作为一代有知识的青年，邢燕子和"燕子突击队"不向自然灾害低头，下狠心拼全力向荒地要粮食。创造了可歌可颂的感人事迹。她们身上找不到一般女孩子的娇气。为了乡亲们能吃上饭，为了多开荒地，多打粮，她们奋战在田野里，不怕吃苦流汗，一心一意建设家乡，改变家乡。灾荒年代，国家需要这样大干苦干的农民。

　　1960 年 8 月 10 日，中共中央发出的《关于全党动手，大办农业，大办粮食的指示》明确指出：农业是国民经济的基础，粮食是基础的基础，加强农业战线是全党的长期的首要的任务。必须全党动手，全民动手，大办农业，大办粮食。此后，全国各地，大批干部下放农村，各级领导想尽各种办法，防止浮肿病的发生。

为此，邢燕子，一只在农村广阔天地里翱翔的燕子，没有理由不冲向蓝天。这只燕子，在时代的召唤下，应声起飞，飞向最高处，飞在最前面。

1960年冬，邢燕子带领"燕子突击队"一鼓作气，又开垦了五百六十亩荒地，打算1961年开春种麦。不曾想，一场场呼啸的北风，刮得五百多亩荒地的土坷垃硬得像石头。邢燕子看着满地的土坷垃一筹莫展。这时，支书董德林说："燕子，闹革命总会遇到困难，困难越大，我们干劲就应该越足。这样，困难就会变成取得胜利的动力。"

邢燕子受到鼓舞，她对老支书说："干，一定干到底！"

根据老农的建议，他们决定用砘子把土坷垃轧碎。但是队上牲口少，邢燕子就和姐妹们一起拉砘子。有时候，大土坷垃把砘子绊住了，大家就一叫号，闯过去。也有时，因用劲过猛，拉断绳子，大家落个嘴啃地，哈哈笑着爬起来，接好绳子再拉。肩膀勒肿了，就把头上的围巾解下来垫上。

就这样，只用了十天时间，就把新开垦的五百六十亩荒地轧了八遍。据当时报纸报道，种子播上后，秋天多收了八万多斤粮食。"燕子突击队"创造了让石头长出粮食的人间奇迹。这就是郭沫若在《邢燕子歌》中写的"要使石头长出粮"的出处。

《邢燕子歌》

★★★★★

邢燕子发愤图强、埋头苦干的模范事迹首先在《唐山劳动日报》上隆重推出。

紧接着，1960 年 8 月 15 日的《河北日报》用整版篇幅，以套红"邢燕子大办农业范例"为题，宣传了"燕子突击队"大干苦干、不畏艰难、向贫瘠的土地挑战的事迹。

接着，曾经报道过邢燕子事迹的《中国青年报》总编于田，带领摄影记者舒野以《邢燕子》为标题，加照片发社论，在《中国青年报》上进行了重点宣传。

唐山地委发出"大办农业，需要千千万万个邢燕子"的号召。

1960 年 8 月 17 日，共青团河北省委、河北省妇联向全省青年、妇女发出学习邢燕子运动的通知："开展学习邢燕子的运动，实际上是对青年、妇女进行一次深刻的以农业为基础，以农业为中心，加速社会主义建设的思想教育运动。学习邢燕子，要学习她忠心耿耿听党的话，把国家利益和集体利益放在第一位的先进思想；学习她发愤图强的革命志气，学习她勤勤恳恳埋头苦干的优良作风。"

随之，中共河北省委做出决定，要求掀起"学习邢燕子，赶上邢燕子，热爱农业劳动，建设社会主义新农村"的热潮。

共青团天津市委也发出号召，要求全市共青团员和青年："努力提高共产主义觉悟，紧紧跟着党和毛主席，高举总路线、大跃进和人民公社三面红旗，在社会主义、共产主义的伟大事业中，成为一支英勇的突击力量。"

1960年9月17日，《中国青年报》刊载文章，眉题为"河北青年比雄心壮志比艰苦奋斗比革命贡献"；题为"向邢燕子看齐形成热爱农业劳动的新风气"。

时任全国人大常委会副委员长的郭沫若，专门创作了《邢燕子歌》，以手书形式，发表在同日的《中国青年报》上，对邢燕子的事迹大加称颂。邢燕子赞叹道："郭老不愧是大家，别看文字不多，可他写得最真实、全面、深刻，概括了我当时所做的一切。"

《邢燕子歌》这样写道：

邢燕子，好榜样！学习王国藩，学习铁姑娘。全家都在城，自己愿留乡。园中育幼幼成行，冰上治鱼鱼满网。天寒地冻，抢种垦荒，要使石头长出粮。吃苦在前享乐后。一切工作服从党。北大洼变成金银窝，燕子结成队，奋飞过黄河！

邢燕子，榜样好！青春献农村，青春永不老。一马能当先，万马齐赛跑。立下雄心天样高，鼓足干劲风力饱。克勤克俭，有说有笑，能把劳动当成宝。为国为社多打粮，国好社好大家好。司家庄变成鱼米乡，燕子结成队，奋飞过长江！

不久，《邢燕子歌》由著名曲作家刘炽谱曲，在广大青年中广为传唱。

1960年9月18日，党的好女儿、青年的好榜样邢燕子火线入党，她光荣地成为一名中国共产党党员。她以无比激动的心情举起右拳，在鲜红的党旗前宣誓。

她在入党申请书中这样写道："……我要把自己的一生献给党和人民，用自己的热血和生命谱写建设社会主义新农村的新篇章，把一颗红心交给党，永远听党的话，听毛主席的话，永远跟着共产党走，永远扎根农村，像董存瑞、邱少云、黄继光那样，为革命战斗到生命的最后一刻……"

加入中国共产党，成为邢燕子重大的人生转折，在以后的岁月里，邢燕子无论干什么工作，无论遇到多大困难，始终牢记自己是一名共产

△ 郭沫若诗《邢燕子之歌》

党员，始终把马列主义、毛泽东思想作为自己的行动指南，全心全意为人民服务，坚持党和人民的利益高于一切，事事处处起先锋作用，她把自己所有的忠诚、智慧、力量都献给了党的事业，并永远不忘：作为中国共产党党员，自己永远是劳动人民的普通一员。

1960年9月20日的《人民日报》，以"邢燕子发愤图强建设新农村"为题，用大半个版的篇幅，报道邢燕子扎根农村大干农业的先进事迹。全国各级各类报纸、电台和《中国青年》、《中国妇女》等杂志，也纷纷报道邢燕子的先进事迹。一时间，传媒报道铺天盖地，邢燕子的名字家喻户晓。

尤其是那张手握镰刀、身背箩筐、向着朝阳微笑的照片，尽人皆知，闻名全国。那张照片是《中国青年报》高级摄影记者舒野为其拍摄的，登在 1960 年第二十期《人民画报》封面上。

不仅如此，各地反映邢燕子事迹的连环画相继出版，宣传邢燕子事迹的话剧先后上演。天津泥人张传人还专门为其制作了成套泥塑，再现"燕子突击队"的劳动场景。

1960 年 11 月 16 日，共青团天津市委在天津青年宫举办邢燕子事迹展览，向青年们进行宣传，旨在引导广大青年像邢燕子那样，到农村去建功立业。

邢燕子被树为典型，在全国出名了。中华大地上，掀起了以邢燕子为榜样，立志扎根农村，建设农村，响应党的号召，大办粮食，大办农业的新高潮。

面对全国"低指标，瓜菜代"的严重饥荒，邢燕子与另外两个全国回乡知识青年的典型，全国农业劳动模范徐建春、吕根泽互下战书，进行建设新农村的"友谊竞赛"，全国各地知青纷纷响应他们的号召。

早在 1955 年，毛主席就发出了"城镇知识青年到农村去，农村是一个广阔天地，在那里是可以大有作为的"号召。此时，在"邢

燕子"这一强大的宣传攻势下，成千上万的知识
青年，响应毛主席的号召，背起背包，远离亲人，
满怀排山倒海的豪情壮志，走向农村的广阔天
地，走向边疆，走进兵团，走入农场，以一颗
赤诚之心，"到祖国最需要的地方去"、"哪里需
要到哪里去"，去锻炼自己，改造自己。用知识
去建设农村，发展农业，为社会主义建设贡献
力量。"

这一举世瞩目、感天动地的壮举，不仅实

△ 1965年第九期《中国青年》封面

现着青年人的远大理想，而且缓解了国家的就业压力，为社会主义新农村注入了新鲜血液。

出名后，邢燕子一下子忙了起来，很多活动都需要她参加，很多人都以见到她为荣。

1960年6月，美国总统访问中国台湾，激起中国人民的强烈义愤。人民解放军福建前线司令部当即发表告台澎金马军民同胞书，并搞了一次"万炮轰瘟神"的炮战。国内人民掀起了一场声势浩大的反美武装示威运动。10月，邢燕子作为农业代表、知青代表，随河北省慰问团到福建前线慰问"炮轰金门战斗"的广大官兵。慰问团带去了话剧团、曲艺团、河北梆子跃进剧团。在一个月的时间里，邢燕子为战士们洗衣服，到学校做报告，登上海军舰艇慰问参观。所到之处，无不受到热烈欢迎，有百余条红领巾送到她手上。在泉州实验小学，学生们把用白旗子做成的手绢送给她。在战斗前线，她亲眼看到广大官兵冒着炮火，置生命安危于不顾；看到福建的妇女临危不惧，为官兵们送菜送粮。

生命是属于党和人民的，无论为国为民，都要鞠躬尽瘁。这是邢燕子此行的最大收获。

回村后，邢燕子继续和"燕子突击队"加紧生产。1960年全年，司家庄获得大丰收，全村六万五千斤的征购任务按时完成，不仅如此，除去给社员和生产队留下的口粮、种子、饲料，还有四万多斤余粮，全部上交国家。"刑燕子"的旗帜在青春的行列中飘扬，影响了整整一代人。

→ 婚姻大事

★★★★★

　　各种媒体的大量报道，各种邀约的纷至沓来，随着名气越来越大，邢燕子每天忙忙碌碌，无暇顾及个人生活。常常是人们刚刚看到她脚步如风地离开司家庄，旋即又看到她的身影出现在司家庄劳动的田野里。年轻漂亮能干的燕子每天飞来飞去。

　　按照常理，21岁的农村女子，已经到了谈婚论嫁的年龄。出名以后，邢燕子的个人信件犹如雪片，不停地飞落司家庄，足足装了几麻袋。全国各地仰慕邢燕子的人，写来各种信件，其中不乏求爱信，不乏条件优秀的好青年。他们表示，要和邢燕子永结连理，扎根农村，有的人甚至表示要到司家庄落户，和邢燕子一起建设司家庄，共同建设社会主义新农村。有一个小伙子甚至在信中寄来自己的简历，详细描述了家庭情况和个人收入状况等，要求邢燕子对自己考验审核，真诚之至。

虽说红遍全国，但邢燕子毕竟也是个寻常女子，也到了向往爱情的年龄。拿着一封封热情洋溢的来信，尤其是求爱信，有时，邢燕子彻夜难眠。直露的表白，坦荡的情怀，娓娓的诉说，以及其中的决心和誓言，确有打动邢燕子之处。然而她并不敢贸然回复。作为扎根农村的知青典型，凡事要和组织商量，要听组织的安排。邢燕子深知，婚姻大事，或者说和什么样的人结婚，直接影响她的公众形象。

恰在此时，上级党组织对邢燕子的婚姻大事提出了意见。

原来，上级党组织十分关心邢燕子的成长，时刻没有放松对她的培养教育，婚姻问题也在他们的考虑之列。1961 年，党组织经多方考察、比较、挑选，最后，为邢燕子选中了一名同村的男青年，认为他根正苗红，又是同村人，不会产生因邢燕子远嫁而形成的实际问题。这个男青年，就是王学芝。

王学芝，1934 年出生，中共党员，生产小队长。为人老实，不擅言谈，政治上十分可靠。王学芝家庭出身贫农，他兄弟四人，王学芝排行老大。一家人住两间半土坯房，家庭生活困难。

起初，邢燕子不大同意这桩婚事，她觉得自己和王学芝不合适，原因不在于贫与富，也不是因为政治面目是否相宜，而是因为王学芝的年龄大过自己六七岁。邢燕子从未考虑过自己要嫁一个大自己六七岁的男子。

尽管不大同意，既然是组织上的安排，邢燕子也必须慎重认真地给予考虑和对待。就在犹豫不决之时，爷爷邢永顺站出来鼓励邢燕子。他是看着王学芝长大的，他认为王学芝忠厚老实，人品好，将来肯定不会出问题，婚姻最重要的是平稳，将孙女的终身交给这个小伙子，一辈子放心。老支书董德林也深为赞同。

一向对爷爷和老支书十分敬重的邢燕子，最终同意了他们的意见。她表示：婚姻大事听党的安排，并借此向党表明自己永远扎根农村，不离开司家庄的决心。

随后的日子，邢燕子开始注意王学芝。在共同劳动的过程中，邢燕子发现，风华正茂的王学芝浓眉大眼，中等身材，健壮干练，心地善良，勤劳肯干，心灵手巧，而且，身上确实具备一个共产党员的本色。渐渐地，邢燕子对王学芝产生了好感。

很快，在党组织的介入下，二人预订了婚期。婚期订下后，邢王两家和村党支部都为二人的婚事做准备。王学芝给未来的媳妇做了一件格子袄，图案就是白地上面印着一个个大方格子，红蓝黑相间，大格子套着小格子那种。这件格子袄在当时算是比较时髦的衣服了。还有一条裤子，也是王学芝给她做的，米色的卡其布面料，裤线还是当时流行的双裤线，明线、明兜。

直到今天，这身嫁衣还被邢燕子视如珍宝地完好地保存着。搬了多少次家，清理了多少次旧物，她也没舍得把这身衣服扔掉。后来做客中央电视台《相约夕阳红》节目，邢燕子还带着它们，足见其内心深处对爱情渴望之真。

1961 年 7 月 3 日，绿树繁茂，遍地的庄稼就要丰收，司家庄一派喜气。就在这一天，邢燕子与王学芝结婚。为了表示要新事新办，邢燕子没有要新郎来接，没有请成帮结队的亲属。清晨，邢燕子穿上那身新嫁衣，在爷爷的独自陪伴下，步行着去了村里的食堂。由于王学芝家经济条件太差，村党支部便出面，在食堂里为邢燕子的新婚摆了一桌酒席，以示庆贺。

桌上的饭菜很简单，大米饭，两个青菜，一个豆腐，为了增加喜庆气氛，村党支部还特备了一瓶天津产的直沽高粱酒。

王学芝的父母、邢燕子的爷爷和村党支部的两名干部参加了婚礼。党支部书记董德林做证婚人，大家共同祝愿这对新婚夫妇要永远听党的话，听毛主席的话，扎根农村，建设农村，互敬互爱，互帮互助，做一对革命夫妻。

由于住房条件差，新婚当晚，邢燕子的公婆只好出去借宿。婚后第二天，邢燕子照常下地劳动。三天后，他们搬到一间早年喂驴的小草棚里。棚子只有一米多宽，窄小得连张床都放不下，身子难站直，遇雨就漏，夏天热，冬天冷。

邢燕子没有抱怨，相反，她认为党对自己考验的时刻到了，她必须咬牙渡过难关，以胜利者的姿态向党汇报自己取得的成绩。

就这样，邢燕子完成了自己一生中的婚姻大事。在那间小棚子里，他们一住就是七个月。

△ 1962年，河北省青年学习邢燕子，昌黎县"三兰"青年突击队队长王汝兰（左）到大钟庄，和邢燕子及铁姑娘队队长张秀敏在一起

邢燕子没有停止劳动的脚步，媒体也没有停止对她的报道宣传。1962年1月10日，《人民日报》在头版头条刊登了"邢燕子带领社员勤奋备耕"的文章，副标题是"哪怕春旱秋涝去年艰苦努力多收一倍粮食，任凭冰封雪舞今年再接再厉夺取更好收成"。为了引蓟运河水灌溉麦田，邢燕子带领几个姑娘，光着脚站在冰冷的泥水里打畦埂。为了扩大播种面积，她带领姑娘们开垦北大洼荒地，用人力拉耙、用镐头砸那些被拖拉机翻起后冻了一冬的生土坷垃。

同一版，还刊登了短评文章："祝燕子高飞。"文章赞扬了"燕子突击队"既有远大理想和雄心壮志，又不抱有不切实际的幻想，能够发扬持之以恒的精神，一步一步地前进，一个问题一个问题地去解决，为全国青年、全国人民树立了好榜样。

1962年2月19日，唐山地区组织了由邢燕子、"铁姑娘队"队长张秀敏、西堡大队青年团支部书记屈文组成的三人报告团，由《唐山劳动日报》记者牛增会带领，到河北省玉田、昌黎、滦县、乐亭、丰润、卢隆等八个县作报告，历时二十多天。经常是会场人山人海，气氛庄严热烈。每场报告都得到与会者经久不息的掌声。邢燕子有孕在身，妊娠反应严重，再加上晕车、厌食、赶场（最多时一天达三场），劳累至极，身体极度虚弱，终于在离唐山不远的一个煤矿作报告时，晕倒在报告席上。

当时报纸上的许多真实报道，都是邢燕子身怀有孕的情况下完成的。那时，因邢燕子怀孕，生产队像照顾其他孕妇一样照顾她，不让她干重活儿。但邢燕子认为，自己应当与众不同，有别于其他妇女。榜样作用在任何情况下都不能失去。她凡事抢先干。这一年，除了开会、参观学习等公务事，她仍然坚持了一百八十个劳动日。邢燕子忘了自己是女人是孕妇，她牢记自己是典型是榜样，必须率先垂范，不能等同于他人。她要比别人付出更多的艰苦、耐力和眼泪。

1962年9月11日上午，邢燕子和以往一样下地参加劳动，下午就临产了，大儿子海军出生。

海军刚刚满月，邢燕子就再也坐不住了，她拿起锄头，继续下地参加生产。婆婆深明大义，非常配合支持邢燕子的工作。邢燕子去开会，就带着尚未断奶的儿子海军和婆婆，开会的时候，她把孩子交给婆婆照看，会议中间休息，再到宾馆的房间里给孩子喂奶。当然不是所有的会议都有这样的机会。一次外出，孩子在家饿得大哭，邢燕子的奶却胀疼得成疮，以至于需要住院手术、输液。

为了更好地参加劳动，避免孩子的拖累，就在这一年，邢燕子在天津参加团代会期间，在事先未征得丈夫王学芝同意的情况下，偷偷在天津市妇产科医院上了避孕环，当时国家计划生育工作刚刚起步。

对邢燕子来说，工作是第一位的，家庭是第二位的，只要对工作有利，其他的都可以放在后面，或者牺牲。所以看上去，她比一般女性走得艰难，时代要求她走出自我，舍弃自我，社会要求"邢燕子"属于那个时代。

关怀与荣誉

→ 见到主席

★★★★★

1964 年 6 月 11 日，中国共产主义青年团第九次全国代表大会在北京召开。这是中国共产主义青年团成立以来，规模空前盛大的一次代表大会，是历届代表大会中参加人数最多的一次。毛泽东、朱德、刘少奇、周恩来、陈云、邓小平等党和国家领导人和全国政协、各民主党派、各人民团体负责人，各省、市、自治区和中国人民解放军的主要领导都出席了这次大会的开幕式。

邢燕子和侯隽经公社、县、地区、省团代会层层选举，作为河北省团员青年的代表，光荣地出席了这次大会，并荣幸地成为大会主席团成员。出席共青团第九次全国代表大

△ 1965年6月20日，参加河北省第四届妇女代表会，与戎冠秀（前排中）、常北女、宋新茹等人合影

会，成为邢燕子步入政坛的起点。

1964 年 12 月 20 日至 1965 年 1 月 4 日，在共青团九大召开半年后，邢燕子又经逐级选举，作为全国人大代表，出席了在北京人民大会堂举行的第三届全国人民代表大会第一次会议。这次大会，她不但作为代表参加，而且还被选

为大会主席团执行主席，并坐在毛主席身边与伟人共进晚餐。

12月20日，大会即将开幕，邢燕子正和几位代表在人民大会堂湖南厅休息。一抬头，看见两个熟悉的身影向她们这边走来。越走越近，啊！邢燕子几乎要喊出声来，那不是敬爱的伟大领袖毛主席吗？他身边走着的不是刘少奇主席吗？幸福就在这个猝不及防、毫无准备的时刻降临了。巨大的意外的惊喜包围着邢燕子。大家立即站起来，脸上挂着灿烂的笑容，双手使劲地鼓掌。

毛泽东主席和刘少奇主席，一边微笑着向大家颔首致意，一边走上前来与代表们亲切地握手，互致问候。轮到邢燕子了，毛主席的大手紧紧握住了她因万分激动而微微出汗的手。这时工作人员向毛主席简要介绍了邢燕子的情况。

毛主席的脸上现出温和的笑容。他握着邢燕子的手，用带湖南方言的口音亲切地问："你就是燕子？"

看到日夜盼望的伟大领袖这么平易近人，像亲人一样喊着自己的名字，邢燕子的泪水夺眶而出。她不知说什么才好，曾在梦里想了千万遍的话，此时一句也说不出。邢燕子同样紧握着毛主席的大手，一个劲儿地连连点头，将万语千言蕴含在无声地点头之中。

一旁的刘少奇主席也亲切地问她："你是邢燕子？"

邢燕子报以热情的笑容，连忙说"是"。

会议就要开始了，让邢燕子做梦都没想到的事又发生了。毛主席用他那温暖的大手领着邢燕子缓步走上主席台。邢燕子感到，

台下无数惊奇、羡慕的眼睛在注视着自己，全国
人民在注视着自己，一股幸福的暖流立刻涌遍
全身。波涛般汹涌的幸福萦绕着她，融化着她，
使她有一种不知身在何处的眩晕。

这时候，敬爱的周总理也走过来和邢燕子

△ 1964年12月，邢燕子出席第三届全国人民代表大会第一次会议，任大会主席团执行
主席。毛泽东主席把邢燕子领上主席台

热情地握手，并慈祥地问她："你是邢燕子？你的名字我很熟悉，我早就知道你！"

邢燕子握着总理的手，不住地点头。

毛主席问："燕子坐哪里啊？"工作人员告诉毛主席，邢燕子同志是今天的大会执行主席，坐在前排。毛主席亲自将邢燕子领到前排座位上，然后老人家才走到第二排自己的座位上。

邢燕子回过头，一眼不眨地注视毛主席在她后边那排座位坐下后，自己才回过身，小心翼翼地坐下来。邢燕子心想：主席领我上主席台，命运竟然如此眷顾我这个农村姑娘，只有在新中国，在新社会，在新的制度下，只有在中国共产党的领导下，妇女才能真正翻身解放做主人。全国人民的伟大领袖，像了解自己的孩子一样了解我的心，就连找座位这样的小事都要亲力亲为，这正体现了领袖对群众无微不至的关心！伟人所关怀的不只是一个邢燕子，而是千百万真正获得平等的中国妇女！毛主席关心的又何止一个邢燕子，他与全国人民心连着心哪！

就在这次大会上，邢燕子怀着激动的心情聆听了周恩来总理作的《政府工作报告》，周总理在《政府工作报告》中，第一次创造性地提出了，要把我国建设成为一个具有现代农业、现代工业、现代国防和现代科学技术的社会主义强国，向全国各族人民提出了建设"四个现代化"的奋斗目标，为社会主义建设和发展勾画了宏伟蓝图。

△ 1964年12月26日，周恩来总理（左一）、朱德委员长（左三）在人民大会堂和陈永贵（左二）、董加耕（左四）、邢燕子（左五）座谈

邢燕子心如潮涌。她暗暗地告诫自己：一定一辈子听党的话，跟着毛主席走！

会议进行期间，一件更加幸福的事情再次降临到邢燕子身上：她有幸被邀请参加会后的聚餐。

那一天是 12 月 26 日，正逢毛主席生日。那一天下午散会后，邢燕子接到工作人员通知，要她和另一位知识青年代表——江苏省盐城县代表董加耕留下。邢燕子不知道有什么事情，不便多问，两人只好默默地在会场等待。

过了一会儿，她看见朱德委员长走过来了，朱德委员长告诉她和董加耕说："总理正在等你们呢。"邢燕子和董加耕跟随在这位伟人身后，走进了小客厅。邢燕子到那里一看，小客厅里已经摆放好四张大圆桌，几位党和国家领导人陆续到来。

周总理请邢燕子和董加耕坐下，他问邢燕子："你们宝坻不是有三个姑娘吗？那两个姑娘怎么样？"总理说的那两位姑娘是侯隽和张秀敏。

邢燕子告诉总理说："她们都很好，请总理放心。"

周总理接着问："你们那里是大洼吧？亩产多少？"

邢燕子回答："是大洼，亩产不多，才百十来斤。"

总理接着问："你们那里养不养猪？是散养还是圈养？"

邢燕子连忙答道："养猪，是圈养，这样可以积肥。"听每天都为国家大事操心的周总理问得这么详细，连宝坻县的大洼也放在心上，邢燕子深受感动。

这时，毛主席健步走了进来，邢燕子站起来，和其他人一起热烈鼓掌。看得出，那天毛主席非常高兴，他微笑着，示意大家都坐下。邢燕子的心都要跳出嗓子眼了，这么多的党和国家领导人在场，她有点紧张，不知道应该坐在什么地方。工作人员走过来，小声告诉邢燕子，要她和董加耕坐在毛主席身边，一边坐一个，又一股幸福的暖流刹那间涌遍邢燕子的全身。

于是，按照工作人员的指引，邢燕子坐在毛主席的右边，董加耕坐在毛主席左边。同桌的还有北京市市长彭真、大寨党支部书记陈永贵、大庆铁人王进喜和科技界代表钱学森，以及罗瑞卿、曾志大姐。大家在亲切愉快的气氛中谈着话。毛泽东主席谈笑风生，谈话中邢燕子才知道，12月26日是毛主席71岁生日，可老人家从未过过生日。

△ 1964年12月26日，毛泽东特邀邢燕子（左）、董加耕（右）出席生日聚餐

毛主席很高兴地对大家说："今天一不请客，二不祝寿，就想和大家谈谈。"主席抽出一支烟，邢燕子忙为他老人家点燃。席间，邢燕子一共为毛主席点了三支烟。

　　她又听主席说："今天没让我的孩子来，他们是吃蜜糖长大的，不下乡，不配。我要坚决坐在群众一边。"听了毛主席亲切的话语，邢燕子又一次被感动了——在这个特殊的时候，陪在他老人家身边的不是他的儿女，而是我这样一个来自农村的姑娘。本来老人的寿辰，应该合家团聚，可是主席不请家人，却请来了工人、农民代表，听大家在如此轻松的气氛中畅所欲言。这使邢燕子又一次体会到领袖的伟大风范。

　　邢燕子认真倾听毛主席的话，虽然毛主席的湖南话听起来有些困难，她仍然认真地去听去想去记。彭真同志提到大寨，说大寨战胜自然灾害，取得了农业大丰收。毛主席听了高兴地夸奖陈永贵是农业专家，又说陈永贵五十而知天命，人定胜天嘛！并且问陈永贵的文化程度，陈永贵说没上过学。

　　毛主席侧过头来和蔼地问邢燕子和董加耕是什么文化。邢燕子回答初中毕业，董加耕回答高中毕业。

　　席间，毛主席讲了农业，讲了读书，还讲到让邢燕子铭记终生的一段话："有很多人做了很多好事，都没有翘尾巴，这很好。一个人做出了一点成绩不能翘尾巴，做两点也不能翘，三点、四点更不能翘，永远不能翘！"邢燕子一边听一边不住地点头，毛主席这几句话是要告诫像她这样的年轻人，要永远保持谦虚谨慎、戒骄戒躁的态度，全心全意为人民服务。

邢燕子看到身为国家主席的毛泽东，生日聚餐没有宴席，没有酒水，只是每人一份饭，菜很一般。饺子、汤圆、米饭、烧饼，每样只有一点，加一小碗汤。那是邢燕子第一次见识这样的场面，她不知道菜是一道道上的，每样尝一点就撤下去。她想没吃完就端走多浪费呀，就要求服务员别端走。毛主席见了以为她没吃饱，就让服务员再给她和董加耕弄些饭来。而且还不放心，又把自己的那份饺子和烧饼夹给邢燕子和董加耕。毛主席给她夹了两个饺子和一个烧饼，给董加耕夹了两个烧饼和一个饺子。邢燕子的心里暖融融的，虽然主席误会了她的意思，却让她再一次感受到，伟大领袖对一个来自农村的青年人的关爱之情。邢燕子在毛主席慈爱的目光注视下，把饺子和烧饼都吃了下去。毛主席看她吃了，非常高兴，放心地开怀大笑。

聚餐直到晚上七点多钟结束，邢燕子和所

有在座的人一样，恋恋不舍地欢送毛主席，毛主席——和大家握手道别。

整个会议期间，邢燕子的心情始终无法平静，那些天晚上躺在床上，她都要将幸福的一幕幕想一遍，生怕漏掉某一画面，她要把这幸福的时刻铭记在心，带给乡亲们，让他们共同分享。当幸福难以用语言表达时，那么，只有用行动说明。

她怀着激动的心情和代表们共同讨论了周总理的《政府工作报告》、谢觉哉的《最高人民法院工作报告》、张鼎丞的《最高人民检察院工作报告》以及会议做出的关于1965年国民经济计划主要指标和1965年国家预算安排等报告，满腔热忱地参与讨论和审阅的全过程，着着实实地当了一回国家的主人，充分享受这至高无上的待遇。

除了此次会议的开幕式和主席的生日聚餐，邢燕子又在党的"九大"、"十大"会议期间和1966年天安门城楼观礼时，见到过毛主席。算起来邢燕子先后五次幸福地见到伟大领袖毛主席。

在邢燕子家的客厅里，端端正正挂着三幅大照片，其中一幅就是邢燕子坐在毛主席身边，与老人家共同进餐并愉快交谈的照片。立此存照，见证历史。

→ 人民代表

★★★★★

　　毛主席亲切的接见，巨大的关怀，令24岁的邢燕子热血沸腾。可贵的是，面对如此崇高的荣誉，她没有沾沾自喜，更没有飘飘然，而是以此严格要求自己，激励自己。这时，邢燕子忙着参加各种各样的会议，农业生产动员会、知青动员会、农村三级干部会、大寨经验报告会、贫代会、妇代会等等，忙着做报告。尽管如此，一有空暇，邢燕子便回司家庄参加农业劳动，唯恐辜负领袖们的希望，唯恐有负头上的光环。

　　1965年冬天，周总理送一位外国总理路过天津，听说天津市委正在开"贫代会"，就顺便到会场来看望与会者。那天的会议，邢燕子坐在主席台上。周总理缓步走上主席台，一眼就看见了邢燕子，总理握着邢燕子的手，关切地问："你们宝坻不是有三个姑娘吗？那两个姑娘来了吗？"

邢燕子告诉总理，那两个姑娘来了，她们正坐在台下。

周总理听了，放心地点了点头。

当时曾有记者拍下这一感人的幸福场景。这张照片至今被邢燕子珍藏着。

1966年国庆节前的一天，正在香河县阎段庄工作队参加"四清"的邢燕子收到一份请帖。打开一看，是周恩来总理邀请她作为国庆观礼团的代表，去北京参加国庆节庆祝活动。邢燕子喜极而泣，急忙动身。这次到北京，邢燕子和其他观礼团代表在中南海住了下来，他们睡临时地铺，饭菜很简单，主要是白菜烩豆腐。国家困难时期，很多中央领导人都带头节俭，是人所共知的。至此，邢燕子更真切地目睹了领袖们艰苦朴素的典范作风。

到达中南海的当天，深夜十一点多，忙了一整天的周总理，抽出时间来看望大家。总理亲切地问候大家，还说条件不好，请大家多多原谅。邢燕子听了，心中泛起滚滚热流，眼圈都红了。能和国家领导人一起同甘共苦，什么条件都不再重要。周总理逝世后，邢燕子在有关描写总理的文章中读到，一个大国总理常穿着带补丁的睡衣，即使出国带的也是那件破旧睡衣，他坚决不修缮自己的房屋，不更换旧家具，等等事例，更加印证了她当年的所见所闻。

10月1日清晨，代表们登上天安门城楼，站满城楼两侧，邢燕子与吕玉兰等河北省代表站在城楼西侧。随后，毛主席等党和国家领导人乘电梯直达天安门城楼，代表们鼓掌欢迎。邢燕子又一次见到毛主席。

毛主席同党和国家其他领导人的身影一出现，站满一百五十万人的天安门广场，顿时欢声雷动。"毛主席万岁！""伟大领袖毛主席万岁！万万岁！"欢呼声响彻云霄，毛主席频频挥手致意。

当晚，邢燕子荣幸地在人民大会堂西大厅参加国宴。国宴由周恩来总理主持。这次国宴之后，邢燕子还分别于1975年9月30日、1979年9月30日，应周恩来总理、华国锋主席之邀，出席国宴。

参加国庆观礼活动之后，邢燕子又回到香河，作为"四清"工作队队员继续搞"四清"。

她工作努力、认真，每天起早贪黑，忘记了家庭和孩子。其"四清"工作鉴定上这样评价邢燕子："与群众关系搞得好，和贫下中农打成一片，'三同'过硬，群众反映燕子同志参加劳动好，经常保持艰苦朴素的作风，对人谦虚，从不自满。""四清"工作结束后，邢燕子于当年 11 月回到司家庄，带头学习《毛主席语录》。

1969 年 4 月 1 日至 24 日，邢燕子经县、地、省党代会选举，作为河北省党代表出席了在北京召开的中国共产党第九次全国代表大会。

邢燕子作为河北省代表，首先参加了地区和省里的预备会，并从省会石家庄集体乘飞机到北京。进京后，河北省代表团被安排住在京西宾馆。

会前，周恩来总理来到京西宾馆，看望大会代表们。当总理到河北省代表团驻所时，看到邢燕子没在场，就问河北省委领导："燕子来了吗？怎么没见到她？"

省领导告诉总理，邢燕子来了。

总理得到肯定的答复后，才满意地转身离去。

这件事是邢燕子后来听旁人对她讲的，她非常感激总理对她的关怀和关注。

会议期间，正值"文革"派性斗争十分激烈之际，各代表团均按姓氏笔画排座次。邢字是六画，理应排在比较靠前的位置，然而，不知什么原因，却把邢燕子安排到最后一排的最靠边座位上。邢燕子不知是谁人所为，但她因此嗅到了一些政治斗争味道。虽然有些想法，但终究没说什么，她想：毕竟是第一次参加全国党代会，情况还不太熟悉，再说自己的初衷是建设社会主义新农村，至于出名走红成为政坛骄子，不是自己的选择。既然身不由己，那就随他去吧。

大会开始，毛泽东主席致开幕词。继1966年天安门城楼观礼之后，邢燕子又一次见到毛主席。

在这次大会上，邢燕子没有当选为中央委员。周总理亲自过问了这件事，他问有关方面领导：“河北的吕玉兰可以当中央委员，为什么燕子不能当？”邢燕子虽未当选中央委员，但不管怎么说，第一次参加全国党的代表大会，也是她政治生涯中的辉煌。

“九大”之后，邢燕子兼任的职务很多：司家庄村党支部副书记、县贫下中农协会代表、县委常委、县委副书记、地区革委会常委、地区妇联副主任、地区青年团副书记、省革委会委员、省委委员、省团委副书记等，可谓忙极一时。她不断参加各种会议、各种培训学习，不断出现在大大小小的会议场所，她的名字经常出现在媒体上。

多年的风雨磨炼，邢燕子已从一个不谙世事，只知埋头苦干的农村姑娘，成长为一名名字响亮的社会风云人物。虽身处政治的风口浪尖，不能左右自身的政治命运，但她始终牢记毛主席、周总理的谆谆教导，恪守内心深处当初回乡务农的初衷，保持淳朴、本真、正直、无私的本质。

而在此期间，周恩来总理依然关心邢燕子的健康成长。20世纪70年代初，周总理指示天津市市委，要关心邢燕子的成长，支持她的工作。遵照总理的指示精神，天津市市委为司家庄运去一批价值五万元的物资，其中有水泵、电机、拖拉机等，还帮助司家庄办了一个铆钉厂，在大钟庄建了一个十八流量的扬水站。当时市委一位领导对邢燕子说："对你们的支援，是总理委托的，等你们把村子搞好了再把钱还上。"这些物资，对改变司家庄的面貌起到了举足轻重的作用。尤其是扬水站的建成，解决了灌溉问题，司家庄粮食亩产由原来的百十斤增加到几百斤。

→ 出国访问

★★★★★

1973 年，在邢燕子的人生历史上有着值得渲染的一笔。就在这一年，有三件大事在她身上发生：一是随廖承志团长出访日本；二是出席党的十大，并当选为中央委员；三是担任天津市市委书记。

1973 年，在中日邦交正常化一周年之际，应日本国首相田中角荣的邀请，中共中央决定，由中日友好协会会长廖承志为团长，率中国政府代表团出访日本。此次出访，对促进中日关系正常化起到了十分重要的作用，具有重大的政治意义和深远的历史意义。

周恩来总理亲自提名，让邢燕子作为中

国第一代新型农民的代表，随同"中国友好民间代表团"出访日本。在提议代表团成员名单时，周总理说，让燕子到国外去一趟，经经风雨，见见世面，学学知识。行前，代表团成员在北京饭店进行了为期二十多天的集训。周总理事无巨细，他把所有需要考虑的问题一一提出来。邢燕子是一个农村姑娘，又是第一次出国，外交礼仪方面的事情不大懂，周总理委托廖承志同志派人帮助她。于是，一位学识渊博的李姓大姐被派到邢燕子身边，李大姐细心地讲解，耐心地示范。不仅如此，邓颖超同志还亲自到饭店来看望邢燕子，并且带来了总理的嘱托。

邢燕子流下了感动的眼泪。集训期间，万籁俱寂之时，邢燕子辗转反侧，她动情地想：自己从一个普通的农村姑娘，成长为一名坚强的共产主义战士，这是党培养的，是周总理长期关心、爱护的结果，今后自己一定要认真学习，报效家乡，报效祖国。

中日友好民间代表团一行五十五人，由工人、农民和文教、卫生等各条战线的知名人士组成。代表团团长是中日友好协会会长廖承志，副团长有楚图南、孙平化等人，代表团成员有华罗庚、谢冰心、张瑞芳、郑凤荣、李季等。

日本方面对这次访问极为重视，按接待总理的规格隆重接待代表团。代表团抵达日本东京时，田中角荣首相首先接见了代表团的全体成员。

邢燕子是作为农民代表访日的，在日本有关方面的安排下，她来到四国、东京、名古屋、大阪等地农村，进行了参观考察，接触到当地的农民。

在郁金香的产地石砺市近郊一个村子，邢燕子一行访问了石田隆则一家。石田把她们领到田间，参观他家的水稻插秧情景，还特意送给邢燕子一些水稻良种。

在日本访问的这段时间里，日本农民的勤劳和智慧给邢燕子留下了深刻的印象。在那里她看到了无土栽培，看到把大粪当作公害处理，看到农田里没有明渠而靠地下管道浇灌，这些都是那样的令人惊奇。她也注意到，日本人的工作效率惊人的高，代表团所住的新谷大饭店有一百多间客房，每天值班的却只有两人。

代表团从城市到农村都进行了广泛的接触，北到北海道，南到冲绳，共访问了三十六个都、道、府、县，行程几乎遍及全日本，这在中日关系史上是空前的。即将结束日本之行的 5 月 14 日晚，代表团在东京新谷大饭店举行盛大答谢

酒会，两千五百多人应邀出席。团长廖承志发表了热情洋溢的答谢讲话。

日本之行对于邢燕子来说是终生难忘的，日本农村的一些先进经验使她大开眼界，也更增添了她把家乡建设好的信心。

1975年12月，庆祝中国与罗马尼亚开航一周年，中国政府派出友好访问团赴罗马尼亚进行为期一周的访问。

邢燕子被安排为访问团团长。

在"赴罗'中国友好访问团'名单"上这样写着：团长邢燕子，中共中央委员、天津市革委会副主任；副团长阎志祥，中国民航总局副局长。

赴罗马尼亚访问团共 24 人，出发前集中在华侨饭店，进行集体学习。

出访前，邢燕子召集全体访问团成员开会。会上，邢燕子说这次出国访问罗马尼亚是代表国家去的，因此个人形象就是国家形象，要注意国际影响。她要求团员在国外一定要遵守组织纪律，互相关心，互相帮助，通过这次访问活动在中罗两国政府和人民之间架起一座友好的桥梁。

12 月 12 日凌晨，一架标有"中国民航"字样的客机，穿越云层飞向罗马尼亚。身负国家和人民重托的邢燕子，扫视着访问团每一位成员的脸，一股自信的力量充满了她的心房。

经过十三个小时的飞行，访问团于 12 月 12 日下午抵达罗马尼亚首都布加勒斯特。罗马尼亚时值寒冬，身着黑呢子大衣、一脸灿烂笑容的团长邢燕子第一个走出机舱，向欢迎的人群招手致意。

邢燕子走下舷梯，大步向前，紧紧握住罗共中央候补委员、大国民议会副主席阿内塔·斯波尔尼克的手，对不停地说着"欢迎

△ 1975年12月12日，邢燕子率领中国代表团访问罗马尼亚。罗共中央候补委员、大国民议会副主席阿内塔·斯波尔尼克（右一）、罗马尼亚国防部副防长马·尼古列斯库（右二）等人前往布加勒斯特机场迎接

你们、欢迎你们"的斯波尔尼克说："很高兴来到美丽的罗马尼亚，见到你们很高兴。"

国防部副部长马·尼古列斯库也到机场迎接远道而来的中国朋友。邢燕子还见到了中国驻罗马尼亚大使李庭荃，在距离祖国万里之遥的异国他乡能见到自己的同胞，邢燕子高兴万分。

欢迎人群的热情感染了包括邢燕子在内的每一个团员。稍事休息后，访问团受到罗共中央政治局候补委员、国防部长扬·约尼查的接见。邢燕子以团长的身份与约尼查亲切握手，邢燕子通过翻译向约尼查表达了友好的问候。约尼查还与代表团的团员们握手致意，对中国客人表示了极大的欢迎。

会见约尼查部长后，访问团全体成员应邀出席罗马尼亚民航司令部（罗马尼亚民航属军队建制，受国防部领导）的招待会。招待会上，邢燕子代表访问团的全体成员发言，她说："中国和罗马尼亚两国之间的通航对于中罗两国来说具有重要意义，它在空中架设了中罗两国政府和人民友谊的桥梁，在政治、经济、军事领域打开国际往来的大门，对中罗两国的经济发展有益，在很多方面都有非常大的促进作用……"话毕，邢燕子向在场的全体人员鞠躬致谢，全场立刻爆发出一阵热烈的掌声。

12月13日，访问团参观布加勒斯特军事科学院。

离开军事科学院大家又去参观了布加勒斯特乡村博物馆。邢燕子被博物馆区那些极富罗马尼亚乡村特色的茅草屋、木栅栏深深吸引了，这些建筑古朴而典雅。

中午，尼古列斯库副部长为中国代表团举行欢迎宴会，邢燕子和团员们缓步走进宽敞的拜占庭式大厅。那里，长方形的餐桌上摆满了点心和水果。宾主就座后，尼古列斯库副部长首先向中国代表团致欢迎辞，他说："欢迎远道而来的中国客人，欢迎罗马尼亚的

中国朋友来到我国，你们带来了温暖的友情，祝愿中国和罗马尼亚的友谊永不停息。"

尼古列斯库副部长致辞后，紧接着，邢燕子起身发表感谢辞，她激动地说："我作为团长十分感谢罗马尼亚政府和人民的热情接待，你们的友好让每一个中国人感动，我同样祝愿中罗两国的友谊之花常开，友谊之树常青。"然后邢燕子举起酒杯，在场的所有人也举起了酒杯，在欢乐融洽的气氛中双方互送祝福。

罗马尼亚方面热情款待，他们端上冒着香气的面包、火腿和腊肠。大家边吃边观看罗马尼亚民间艺术团的演出。乐曲声中，演员们载歌载舞，用美好动听的歌喉和欢快活泼的舞姿表达了罗马尼亚人民对中国朋友的盛情欢迎。

16 日晚上，罗马尼亚民航司令兼航空运输公司总经理勒依岗·奥列尔少将特意举行了招待会。招待会上，邢燕子对勒依岗少将的热情款待表示感谢。

中国访问团在罗马尼亚逗留的时间虽只有短短的八天，但行程多，紧张而忙碌。

12 月 20 日，邢燕子率领的中国赴罗马尼亚访问代表团圆满结束访问，启程回国。斯波尔尼克副主席、尼克列斯库副部长等到机场送行。在机场的贵宾室，邢燕子再一次对罗马尼亚政府的热情款待表示感谢。她紧紧握住斯波尔尼克副主席等送行人员的手，一一道别，并希望在不久的将来再见。

顺利完成了出访任务，回到国内，邢燕子心中如释重负。邢燕子说担任团长，是压力，也是动力，从中得到了锻炼和考验，增长了知识，提高了组织管理能力，受益匪浅。

这次率团出访罗马尼亚，给邢燕子留下了不可磨灭的印象，成为其一生中意义重大、非同寻常的事情。

★★★★★

1973 年 6 月 3 日，中共天津市委召开三届十一次全委扩大会议，传达中央五月会议精神，经过协商，提出邢燕子等 30 人为天津市出席党的十大代表候选人。

1973 年 7 月，宝坻县从河北省划归天津市管辖。

1973 年 8 月 24 日至 28 日，中共第十次全国代表大会在北京人民大会堂隆重举行。邢燕子出席了这次大会，并被安排为 148 名主席团成员之一，周恩来总理亲自过问了此事。毛泽东主席主持了这次大会。周恩来总理代表中共中央作政府工作报告，他宣读了《在中国共产党第十次全国代表大会上的报告》。坐在主席台上的邢燕子，又一次近距离地见到毛主席。

8 月 28 日，大会选举产生了第十届中央委员会，195 人当选为中央委员，124 人当选为候补中央委员。在这次大会上，邢燕子光荣地当选为第十届中央委员会委员，达到了她政治生涯的顶峰。从 1958 年回乡务农，走上社会，到 1973 年当选为中央委员，此后，连续当选第十一届、十二届中央委员，短短十几年间，邢燕子走过了一段不平常的人生之路。

大会期间，周恩来总理出席天津组的讨论。邢燕子坐在总理对面，感到无比幸福。在周总理面前，代表们无拘无束，畅所欲言，讨论报告，提建议设想，发言十分踊跃、热烈。

"十大"闭幕回到地方后，已是中央委员的邢燕子向广大干部群众传达了"十大"会议精神，当她向会场报告"毛主席他老人家的身体非常健康"时，会场发出雷鸣般的掌声，口号声一浪高过一浪。说到周恩来总理时，她再次流下幸福的热泪。

继当选"十大"中央委员后，邢燕子身上又多了一职，当选为中共天津市市委书记。

当时的天津市市委第一书记是解学恭，邢燕子在市委书记中排第七，是不驻会的市委书记，也是不拿国家工资的市委书记。

在市委书记的分工中，根据邢燕子的身份特点，她分管全市的农业和知青工作。在担任天津市市委书记后，她又兼任天津市革委会副主任，后来革委会撤销后，1983 年又任市政协副主席，同样是不驻会的市级领导干部。

任市委书记后，为便于工作联系，天津市市委为邢燕子家安装了一部电话，并派一名机要员直接为她送文件。市委召开的需邢燕子参加的会议，由市委办公厅提前通知，并派专车到司家庄接邢燕子出席。当时小汽车还很稀有，因为小汽车的出现，司家庄的乡亲们备感骄傲和自豪。

邢燕子任市委书记时，不拿国家工资，仍在村里记工分，与社员的报酬一样。市委每月补助她六十元津贴，其中三十元为参加各级会议的误餐补助，另外三十元交生产队，队里再给她记工分。当时邢燕子在队里拿女劳力平均分，没拿过最高工分。

因不驻会，天津市委虽在市委办公大楼里为邢燕子专设了办公室，但她很少坐办公室。每次开完会处理过公务，就匆匆赶回司家庄，参加农业劳动，与一般社员没有什么区别。市委书记应享受的相关办公用品、福利待遇，她基本没有享受过。

按当今人们的思维方式，这样的市委书记似乎不可思议。但在当时，邢燕子这样的干部叫不脱产的领导干部，老百姓最喜欢这样的干部：一是因为能与群众经常在一起，同呼吸，共命运，与群众保持水乳交融的关系；二是由于群众有什么要求、遇到什么困难，可以及时反馈到上级机关，便于高层领导及时掌握基层动态和群众所思所盼，制定相关的政策和工作部署。

尽管是中央委员、天津市市委书记，位高权重，然而，邢燕子身上普通农民的本色依然如故，毫不更改。

至此，邢燕子大大小小担任了十六个职务，工作繁忙，深孚众望。

听从党安排

→ 光明磊落

★ ★ ★ ★ ★

1976 年，命运多舛的中华民族经受了空前的严峻考验。"文革"灾难达到顶点。巨星相继陨落。1 月 8 日，全国人民无比敬爱的周恩来总理病逝，噩耗传来，举国皆哀。邢燕子顿感无比悲痛，立刻泪如雨下，哭倒在炕上，泪水湿透了几条手帕。她翻开抽屉，找出一张张有总理形象的照片，透过泪水，回忆总理关心爱护自己的点点滴滴。

邢燕子十三次见到敬爱的周总理。她清晰地记得，她第一次见到总理是在 1964 年的三届全国人民代表大会第一次会议上，总理见到邢燕子的第一句话就是：你就是邢燕子，你的名字我很熟悉。在毛主席生日那

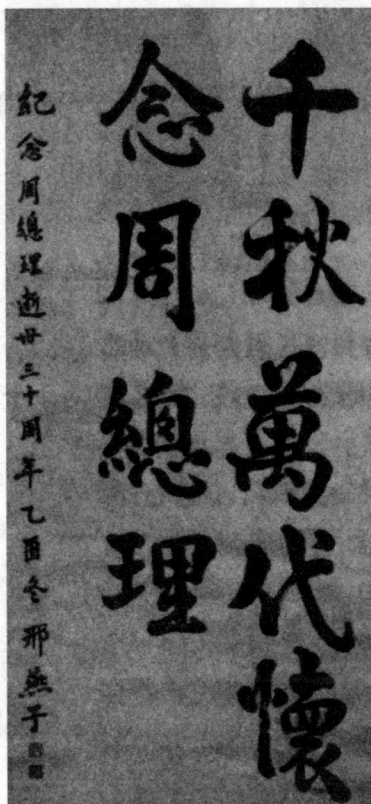

△ 邢燕子书法作品

天的聚餐上，总理与邢燕子面对面坐下，交谈，他问邢燕子所在的大洼地区的农业情况，问她们养不养猪，询问她们宝坻另外两位姑娘的情况。周恩来总理体察入微，在接见代表团的时候，总要在众人面前特别问上一句："燕子来了吗？"她还清晰地记得，是总理的一张请帖让邢燕子成为 1966 年国庆观礼的代表，登上天安门城楼，走进日思夜想的中南海。是总理提议，让她到日本去看一看，经风雨见世面，是总理指示天津市市委支持邢燕子的工作，保护先进人物的成长……

多年来，对邢燕子来说，对总理的怀念永远没有停止过。

至今，邢燕子家中，端端正正地摆放着总理的瓷制像。她经常说："对总理最好的报答就是像他那样，全心全意为人民服务。周总理永远和我们在一起。"

1976 年 7 月 28 日，唐山、丰南大地震，波及天津，司家庄也未能幸免，村里多间房屋倒塌，人们纷纷躲进临时搭建棚里。余震未平，人心惶惶，卫生情况堪忧。作为司家庄村党支部副书记，邢燕子一马当先，上下奔走，她带领村民们进行震后重建工作。作为天津市市委书记，邢燕子要从容面对劫难，与全市人民共渡难关。

9 月 9 日，一个让中国人民更加难以承受的巨大灾难降临，中国人民的伟大领袖、伟大的马克思主义者、杰出的无产阶级革命家、战略家和理论家，中共中央主席、中央军委主席、全国政协名誉主席毛泽东逝世。九州同悲，万民齐哭。之后，广大军民开始举行吊唁仪式，沉痛哀悼毛主席逝世。

随后，邢燕子接到赶赴北京人民大会堂参加吊唁活动的通知。毛泽东主席治丧委员会成立，名单上中央委员邢燕子的名字赫然在目。在人民大会堂西大厅，参加吊唁的人群，臂戴黑纱，表情沉痛。按地方分组，每组十余人，按顺序为毛主席守灵十五分钟。

邢燕子也在其中。当时邢燕子站在毛主席灵床边，低着头，心情沉重，哽咽不止。守灵十五分钟，她的眼泪一直没有断过。斯人已去，前路未卜，中国的命运将会怎样？邢燕子沉浸在巨大的悲痛之中。

守灵归来，回到司家庄，邢燕子告诫自己，要把悲痛化为力量，继承毛主席遗志，好好劳动工作，请他老人家放心。

1976 年 10 月，以华国锋、叶剑英、李先念为核心的中共中央政治局，和全国人民一起，同"四人帮"进行了针锋相对的斗争，一举粉碎"四人帮"，中国进入了一个新的历史发展时期。

粉碎"四人帮"后，按照党中央的部署，全党开展"揭、批、查"运动。天津市市委于 11 月 8 日至 11 日召开常委会议，决定凡同江青有过直接来往的常委，开始进行"自我清理"。因为和江青有过直接接触，邢燕子自然身在其列。

在清理、审查过程中，组织要求邢燕子重点讲清两件事。一是有人说邢燕子去辽宁是为了找毛远新搞"串联"。事实上，邢燕子在辽宁根本没有见到毛远新，更谈不上什么"串联"。邢燕子解释了多次，还是认为她没有讲清楚。后来证实，当时毛远新并不在辽宁而在北京，"串联"一说也就成了子虚乌有，"辽宁事件"自然不了了之。另一件事是有人说邢燕子寄给江青悼念毛主席逝世的信件。本着党的实事求是的思想路线，邢燕子光明磊落、坦诚无二地把事情的来龙去脉一一向党组织讲清楚。经过"自身清理"和党组织的审查，很快得出邢燕子政治上没有问题的结论。此后，邢燕子继续担任天津市市委书记兼革委会副主任。

1976年12月，市审查工作结束后不久，邢燕子赴京参加第二次全国农业学大寨会议。出席此次会议，令邢燕子颇感尴尬。此时，正值政治敏感时期，一些同志不敢接近邢燕子，而邢燕子也不能去向人家解释什么，只是隐隐感到一丝惆怅。

此后的1978年5月23日至6月6日，中共中央在北京召开了天津汇报会议，听取天津市市委的工作汇报，目的是整顿天津市市委班子。当时胡耀邦担任中央组织部部长。他遵照党的实事求是、有错必纠的原则，经过大量切实的调查研究工作，坚决平反冤假错案。他提出凡是不实之词，凡是不正确的结论和处理，不管是什么时候、什么情况下搞的，不管是哪一级、什么人定的和批的，都要改正过来。这就在实际工作中冲破了"两个凡是"的思想束缚，打开了在全国范围内大规模落实干部政策、平反冤假错案的新局面。在这次汇报会上，当谈到邢燕子时，胡耀邦同志说："这次不是解决邢燕子同志的问题，她是党培养起来的，她是党培养起来的！"汇报会议之后，邢燕子仍任原职。

→ 服从决定

★★★★★

1977 年 8 月 12 日至 18 日，中国共产党第十一次全国代表大会在北京召开。邢燕子再一次光荣地出席了这次大会，见到许多新一代国家领导人。华国锋在政治报告中，总结了同"四人帮"的斗争，宣告"文化大革命"结束。叶剑英做关于修改党章的报告。邓小平致闭幕词。最后，大会以无记名投票方式，选举了中国共产党第十一届中央委员会。继任十届中央委员之后，在这次选举中，邢

△ 1978年10月，邢燕子参加"全国知识青年上山下乡工作会议"，与知青代表们在一起

燕子再一次当选为中央委员。

1977年12月2日至6日，天津市第八届人民代表大会举行第一次会议，邢燕子再次当选天津市革委会副主任。

自邢燕子走上政治舞台，她出席了很多会议。应该特别值得一提的是，1978年12月18日至22日，邢燕子参加了在北京召开的具有重大历史意义的党的十一届三中全会。全会中心议题是把全党工作重心转移到社会主义现代化建设上来，全会果断地提出了以经济建设为中心的指导思想，停止使用"以阶级斗争为纲"这个不适应社会主义现代化建设的口号，批判了"两个凡是"的错误方针，使"文革"期间"左"的路线、方针、政策得到了有效纠正。

1978年10月31日至12月10日，历时一个多月的全国知识青年上山下乡工作会议在北京举行。会议决定调整政策，改进做法，城乡广开门路，采取多种形式，妥善安排知识青年，积极解决存在的问题，加强培养教育工作。会议认为，城市中学毕业生的安排，要实行"进学校、上山下乡、支援边疆、城市安排"四个面向的原则，并提出举办大学分校、中等专业学校、技工学校等，为更多的城镇毕业生创造学习和就业条件。

1978年12月12日，华国锋主持中央政治局会议，讨论和通过了《全国知识青年上山下乡工作会议纪要》和《国务院关于知识青年上山下乡基本问题的试行规定》，一系列新的关于知青问题的政策、措施出台后，1979年，全国各地的知青开始陆续从农村回到了城市或就地安置。1979年8月24日，中共中央、国务院批转《关于安排城市青年就业问题的报告》，全国亟待安排就业人员八百多万人，其中城市知识青年约占57%。一场长达二十七年的中国知青上山下乡运动落下帷幕。从此，邢燕子的名字便在媒体上消失了。

跨入20世纪80年代，邢燕子经受了一场场新的考验，她体会到"起伏不定、步履维艰和尘埃落定"的含义。

1980 年 6 月，邢燕子当选政协天津市第六届委员会副主席。

1982 年 9 月 1 日至 11 日，中国共产党第十二次全国代表大会在北京召开，邢燕子参加了这次会议。这次大会，邢燕子有幸见到了中国改革开放的总设计师邓小平。邓小平致开幕词，胡耀邦做了题为《全面开创社会主义现代化建设新局面》的报告。叶剑英、陈云做了重要讲话。李先念致闭幕词。党的十二大提出了建设高度社会主义精神文明和高度社会主义民主的方针，提出了全面开创社会主义现代化建设新局面的行动纲领。在这次大会上，邢燕子再次当选为中央委员。继十届、十一届之后，这是她第三次当选中央委员。

1983 年 6 月的一天，邢燕子接到通知，来到天津市市委组织部。一位负责同志不失礼貌地和她谈话："新市委班子成立，这次就不安排你进常委班子，不再当市委书记了。至于今后安排到什么地方，等以后研究了再说。"下级服从上级，个人服从组织，对于具有二十三年党龄的邢燕子来说，这些她自然是懂得的。所以等到这位负责同志最后问她有何意见时，邢燕子回答得十分干脆："没有意见，服从组织决定。"至此，她兼任了整整十年的市委书记的工作，就此结束。

1985 年，天津市政协换届，有关部门又郑重其事地找她谈话："下一届政协，不准备安排你市政协副主席的职务了。"理由是中共党员在政协里占的比例太大了，不利于统战工作。在邢燕子看来，这的确是一条无可厚非的理由，这个职务应该让德高望重的老同志去担任。她又一次痛快地服从了组织安排。

从波峰到谷底，邢燕子心中不免失落。然而邢燕子毕竟还是邢燕子。在当时的历史条件下，一些事情尽管一时还想不通，可在工作中或者同志们面前，她从未表露过任何个人思想情绪。

用邢燕子真诚的话说："我本来就是一个普普通通的农村姑娘，在党的培养下我为人民群众做了一些我应该做的事情。可这些有限的工作与后来党和人民给我的地位和荣誉相比，是多么不相称啊！我愿意到基层去，到人民群众中去，所以，后来不论组织上对我怎样安排，我从没有打过折扣。我永远感谢党和人民！"

1987 年 10 月 25 日至 11 月 1 日，中共第十三次全国代表大会在北京召开，邢燕子怀着忐忑不安的心情参加了这次大会。在这次大会上，有关领导作了题为《沿着有中国特色社会主义道路前进》的报告。报告指出，这次大会的任务是加快和深化改革。党的十三大提出了"一个中心，两个基本点"建设有中国特色社会主义的基本路线。

会议期间，邢燕子见到许多党和国家领导人，每位领导依然和蔼可亲，对她嘘寒问暖，然而，面对自身的种种际遇，邢燕子却生出与以前不同的感受。这一次，邢燕子未能照例坐在显眼的座位上，而作为一般代表进行了安排。可是，人们还是不约而同地发现了她。于是，各种掺杂着不同含义的目光在邢燕子身上此去彼回，邢燕子如坐针毡。这次中央委员的选举，邢燕子意料之中地落选了。至此，邢燕子失去了全部高职。

接下来的日子，在市人大代表的名单里也不见了邢燕子的名字。夜深人静，眼望明月，一丝挡不住的失落、一股无法克制的苦闷朝邢燕子袭来。但她还是理智地告诉自己：我是一名中国共产党党员。

1981年，国务院"知青办"有关同志，询问邢燕子对知青返城有何想法，有什么意见可以提出来。

邢燕子早已坦然面对，她淡然一笑，对"知青办"的同志说："我早就想好了，要把一生交给党安排。"

"知青办"的同志听邢燕子这样一说，颇为感动。考虑到她的两个孩子，便建议她到天津市北辰区（时称北郊区，1992年3月改称北辰区）的一家知青农场去。

过了一段时间，天津市市委组织部的负责同志来到司家庄，来到邢燕子家中，找她谈话。说经过市委研究，同意她到那家农场工作，工资定为二十级，可以给一个孩子转为城市户口。邢燕子听罢，没有对组织提任何条件，只说了一句："好，组织怎么安排就怎么办吧。"

就这样，邢燕子来到了北辰，来到北辰区永新知青综合农场工作，担任农场党支部副书记，从此与北辰结缘。直到2001年，邢燕子从北辰区人大常委会副主任一职上退休，历时二十年。退休后，邢燕子留居北辰，她称北辰

△ 1986年5月9日，邢燕子主持北辰区第九届人民代表大会第三次全体会议

是她的"第二故乡"。

1981年5月28日，邢燕子一家五口（丈夫、两个孩子、婆婆）在市委领导的帮助下，搬进了永新农场。

初到农场，安顿下来，邢燕子便开始了对自己今后人生方向的思考。她看到党的十一届三中全会以来，对内搞活、对外开放的经济政策深得民心，社会正以蓬勃之势向前发展，她对自己说："我是在毛主席、周总理的关怀教导之下成长起来的，面对一点人生挫折，有什么理由沉沦呢？"她想起当年马力书记说的"燕子飞过黄河、飞过长江"的话，于是想：是燕子就要永远飞下去，党的号令就是强劲的东风，要乘风起飞。从身居高位的市委书记、市政协副主席，到担任农村基层支部的副书记，极大的落差没有让邢燕子沉沦。她仔细分析了自己身上的优劣特点，认为自己具备足够的干劲、韧性和承受力，决定以新的方式、新的姿态再次飞翔。

工余时间，她和一家人到自家的承包地里去干活儿。早晨，太阳还没有出来，她就扛起锄头下了地，抓紧时间锄两垄地。晚上下班回来，又抽空再锄两垄。

上班时间，她多是挑着大桶，帮助农场喂猪、撒肥。她赶着毛驴车去场办低压电瓷厂干活儿，她在小卖部帮售货员卖货，有什么就干什么，能干什么就干什么，踏下心来，做一名普普通通的劳动者。有时，一天干十四五个小时，兢兢业业，精益求精。不知不觉中，邢燕子再次当起了农场的"榜样"。

从春天到秋天，送走了暑热又迎来了严寒。一转眼两年过去了，知青农场的生产、生活日渐好转，粮食年产从三十万斤增加到四十五万斤。

邢燕子劳动总是任劳任怨。她为人善良，古道热肠，和农场里的上上下下、老老少少相处得非常和谐、融洽。她不怕吃苦、不怕受累的劲头感染了身边的每一个人，人们给予她公正而友好的评价。劳动、生活在职工们中间，得到周围群众的认可和好评，邢燕子感到开心极了，她觉得自己仿佛生活在一个和睦、热闹的大家庭里，特别舒心和惬意。

邢燕子似乎天生具有一种强大的亲和力。或者因为她身上根本没有人们想象中的名人"架子"。没多长时间，她家那个简陋的小院子里，就经常有三三两两的人进进出出，他们中有来找邢燕子说心里话的，聊家常讲社会新闻的，有来看邢燕子的丈夫王学芝养鸟的，每天络绎不绝。人们深知邢燕子的处境，他们有时故意讲几个身边的小笑话，逗邢燕子开心，每到这时，邢燕子就会被逗得大笑不止。有的小伙子找女朋友遇到难题，也来找燕子大姐"出谋划策"

或者"指点迷津"。邢燕子成了农场里地地道道的"知心燕子姐姐"。她家的小院子里飘荡着花香鸟语，流动着温情欢乐。

谁有了困难或有了什么想法要求，第一个想到的人就是她。她为西堤头公社的一家糖厂跑原料；为刘快庄村解决大车不能进市区的行车困难问题，解决了运输难题；为农场的职工们跑福利……每每月下冥思，邢燕子总是感谢命运给她的做一个普通人的机会。

在农场的几年里，逢外出办事，邢燕子不仅经常坐破卡车，还经常坐拖拉机。她牢记一位中央领导同志勉励她的话："燕子啊，你一定要放下包袱，轻装前进，要振作精神，把工作搞好。"邢燕子虽然工作在北辰区永新知青农场，但工资关系落在北辰区人大常委会。从此，她每月都要到北辰人大机关来领一次工资，阅读省军级以上文件，为方便她阅读，北辰区领导指示专门为她安排了一间机要室，并配备一名工作人员协助她。中午她和同志们一起吃饭、聊天。起初，当大家知道大名鼎鼎的邢燕子要到人大机关来时，既高兴，又好奇，感觉她一定是一个须仰视才见的大人物。当真的和邢燕子接触时，才知道她原来是一位淳朴、热情、善良的老大姐，很快，大家便和她熟悉、亲热起来。

1984 年，邢燕子当选为北辰区人大常委会副主任。由于当时她住在永新农场，离区人大机关所在地三十多公里，交通不便，组织上又不能马上解决她一家五口的住房问题，所以安排她暂不驻会。她没有怨言，仍然像往常一样，勤奋地在基层工作，与往常不一样的就是她又多了一份责任——执行代表职务，履行副主任职责。她按时参加人大常委会会议，参加人大组织的各种视察、检查活动，充分发挥生活在群众之中的优势，及时反映群众要求，诚恳提出意见、建议，以一种全新的方式继续实践自己为人民服务的诺言。

1990年，年满50周岁的邢燕子肩上的担子更重了。从这一年开始，她不仅要独当一面，而且在原来分管城乡建设、环境保护工作的基础上，又增加了财政经济工作。她感到了前所未有的压力。别的先不说，仅环保工作一项，经过前几年的学习、了解，她知道作为天津市老化工业产业基地的北辰区，环境保护的任务有多重。看到马庄自来水厂的取水口——北运河堤岸垃圾遍地，河道污染，水质恶劣，她焦急万分；看到丰产河工业废水随意排放，昔日的农用灌溉河已变成污水河，她更是寝食难安。她满怀使命感和责任感，下决心为北辰区的环境保护工作做出贡献。

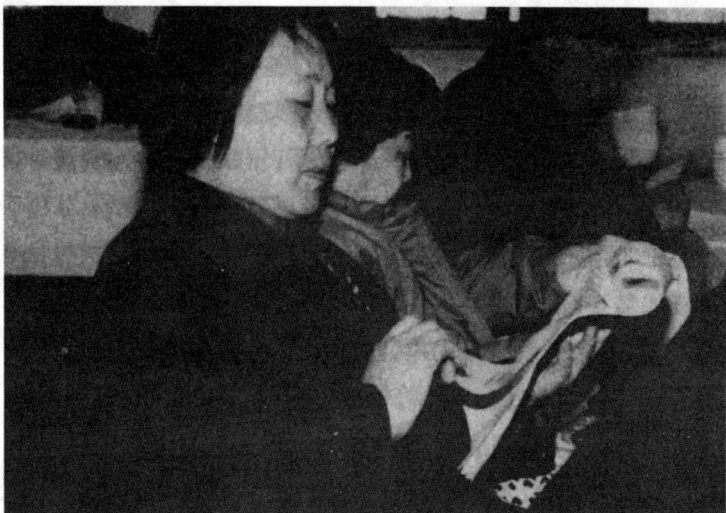

△ 1988年8月3日，在北辰区第十届人民代表大会第二次会议上审议代表提案

　　1994年，市政府投资六千万，为北辰区铺设了连接市区的自来水管道十三公里，从此，北辰建成区的十万老百姓和城里人一样，喝上了优质的自来水。开始通水的日子里，老百姓着实高兴了一阵子，邢燕子感到莫大的欣慰。随之，1996年，国务院批准了北运河综合治理项目。2000年，天津市市委、市政府又把这项工作列为改善城乡人民生活的二十件实事之一。2000年12月，北运河改造工程正式启动，天津市市长

李盛霖亲临开工典礼仪式。2001年9月，这项工程告竣，成为国家水利风景区，获中国人居环境范例奖。

邢燕子的工作和生活作风有口皆碑。她严格要求自己，从来不摆领导架子，不搞特殊化。春季的义务植树和农田基本建设，她从来不落下。1994年夏，北运河遭洪水袭击，西侧防护堤需要加固，区里各部门都抽调干部前往参加劳动。区人大领导考虑到邢燕子年纪大了，又是女同志，不打算安排她去。邢燕子却早已换

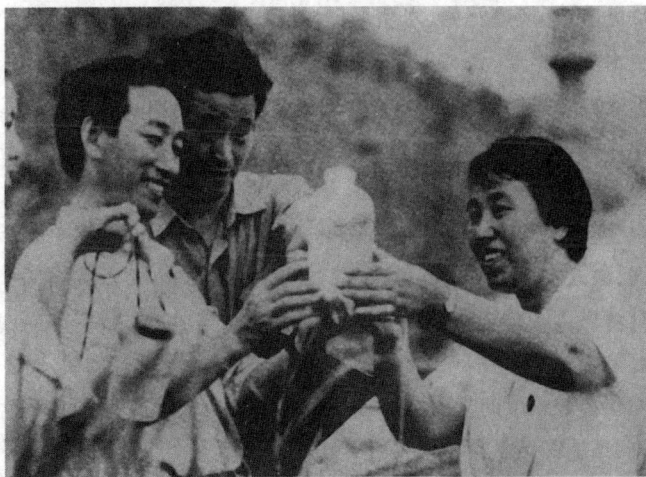

△ 任天津市北辰区人大副主任期间，邢燕子视察永定新河环保情况

上劳动服出现在工地上，同志们都惊喜地喊出了声。为了报答党的培养，为了报效祖国，邢燕子一直保持着一个普通劳动者的本色。

➜ 偶遇知己

★★★★★

1990年7月15日，邢燕子受到邀请，随北辰区党政代表团赴"姊妹城市"——锡林浩特参加"那达慕大会"（蒙古族的运动会）的开幕式。作为客人，邢燕子坐上了主席台东看台。

开幕式开始半个多小时后，她看到一位满头银发的女同志一瘸一拐地向对面看台走去。邢燕子感到非常面熟，仔细一看竟然是久别的黄宗英大姐。邢燕子高兴地大声喊着

"黄大姐"，起身向黄大姐跑去，一下子紧紧地抱住了黄宗英。黄宗英也没想到能在这里见到邢燕子，一样紧紧握住了邢燕子的手。原来，黄宗英是随《望长城》电视片摄制组前来拍摄"那达慕大会"的。黄宗英有脚伤，走起路来很吃力。邢燕子扶她坐下，两个人愉快交谈。

听说邢燕子在北辰区人大担任副主任，黄宗英非常高兴。邢燕子真诚地邀请黄宗英大姐到宝坻和北辰看看。黄宗英说："我怎么不想去呀？我的铺盖还在窦家桥哩！"

由于黄宗英还有拍摄任务，两个人不得不分手。邢燕子扶着黄宗英走了一段，最后，黄宗英坚持自己走。看着黄宗英渐行渐远的背影，邢燕子心中陡然而生一种敬佩之情——黄大姐经受了那样多的磨难，却依然像年轻人一样充满活力。

邢燕子和黄宗英的友情要从 1963 年说起。

1963 年春，黄宗英作为文艺工作者，在宝坻县司家庄下乡体验生活，住在社员焦长芬（后来成为邢燕子的弟媳妇）家，认识了邢燕子。黄宗英曾在电影《家》中扮演形象妩媚、性格忧郁的"梅表姐"，给邢燕子留下深刻的印象。而眼前的"梅表姐"朴素的作风、开朗的性格又使邢燕子感到非常的亲近。黄宗英每天和社员们一样出工下地，担粪、割麦、拉土，哪样都抢着干，吃饭时总是抢着吃剩菜剩饭，使邢燕子对这位名演员充满了敬意。

在艰苦的劳动和生活中，两人成了好朋友。邢燕子陪着黄宗英骑自行车到黄庄、大口屯、林亭口等村实地考察。经过一年多的时间，黄宗英全面了解到邢燕子、侯隽和张秀敏等人的先进事迹，并顺利地完成了《小丫扛大旗》、《特别的姑娘》等报告文学。

后来，黄宗英向周恩来总理汇报了宝坻县三位铁姑娘的事迹。周总理说："青年到农村，这是个方向。我们要把这样的青年带出来。"

不久，"文化大革命"开始了，黄宗英受到江青等人的迫害，没有谁再敢跟她接触。邢燕子始终惦记着她，却得不到她的消息。1973年4月，我国为纪念与日本建交一周年，派代表团去日本，周总理提议让邢燕子也出去看看，经经风雨。临行前，在北京饭店接受培训。14日晚上，周恩来总理对邢燕子说，黄宗英还在受监视，飞机路过上海要停两个多小时，你顺便去看看她。

邢燕子万万没想到，竟然有机会去见她。到了上海，几经打听，才找到了湖南路黄宗英的住处。监管黄宗英的人没有注意到这位乡下姑娘，邢燕子便很容易地敲响了黄宗英家的门。黄宗英怎么也想不到在这个时候会有人来看她，更想不到会是燕子从几千里外赶来看她。两人见面后，抱头痛哭。邢燕子说："总理非常关心你，让我来看望你。我请你去宝坻。"虽然邢燕子只在黄宗英家坐了半个多小时，但这是关系到黄宗英生死的半个多小时。

1974年，黄宗英真的又到了宝坻，在窦家桥和侯隽住在一起。江青得到消息后，下令把黄宗英赶走。邢燕子和侯隽万般无奈，只好从城里请来摄影师照了相，又为黄宗英炸馃子、包饺子钱行，并把黄宗英一直送到天津，看着她登上列车。1978 年夏天，黄宗英被落实政策后，邢燕子又和侯隽专程去北京看望她。

人在最艰难时期建立的友谊是最真挚的，是永生难忘的。黄宗英的书《上了年纪的禅思》出版后，黄宗英向邢燕子赠送了这部书，并在扉页上签字"谢我知音，黄宗英，甲申之夏"，寄托了黄宗英与燕子之间的深情厚谊。

1998 年 3 月 5 日，中央电视台"心连心"艺术团在淮安举行"百年丰碑"纪念周恩来百年诞辰大型文艺演出，邢燕子、郭凤莲等人受到特别邀请。这是两姐妹分别几年后的又一次见

△ 2004年7月5日，著名电影演员、报告文学作家黄宗英为邢燕子题字："一息尚存，不落风帆。"

面。

邢燕子一行从北京坐飞机到南京，等她们乘坐大巴车赶到淮安时，已是深夜十一点多。邢燕子被随行人员告之安排与郭凤莲一个房间，而且，郭凤莲一直在等她还没有睡下。一听郭凤莲的名字，邢燕子连行李都没顾得上提，就急匆匆地往房间跑。姐妹俩的手紧紧地握在了一起，互相上下打量着，你说一句"胖了"，她说一句"你也胖了"，真是喜不自禁。郭凤莲先是详细询问了邢燕子的身体状况，又将自己1991年重新受命，担任大寨村党支部书记、大寨经济开发总公司董事长，带领大寨群众致富奔小康的经过一一讲给她听，并真诚地向老大姐寻求经验。二人有道不完的离情别绪，一直聊到夜深人静。

邢燕子和郭凤莲相识于中国共产党第十次全国代表大会，邢燕子是十届中央委员，郭凤莲是十届候补中央委员。开会的代表都住在京西宾馆，山西、内蒙古自治区、北京、天津属于华北地区的一个大组，郭凤莲是山西省的代表，邢燕子是天津市的代表，就这样两个人成了一个组的组员。

郭凤莲当时是大寨妇女铁姑娘队的队长，参加民兵大比武时获得"神枪手"的荣誉称号。邢燕子眼中的郭凤莲为人直爽朴实，做事干练，说话直来直去，讲得也十分到位。为人同样爽快的邢燕子和她非常投脾气。

在历次全国农业学大寨会议上，邢燕子多次和郭凤莲见面。1974年邢燕子和王国藩两人一起去大寨参观学习，郭凤莲负责接待。其后到 1976 年粉碎"四人帮"的两年时间里，两人往来频繁，友情日深。

20 世纪 80 年代，郭凤莲到中央党校学习期间，天津市东丽区当年的知青赵耘请郭凤莲到家中做客，同时也邀请了邢燕子。久已不见的姐妹俩又一次见面了。风云巨变，再次相见，恍若隔世，两个人激动地拥抱在一起。邢燕子拉着郭凤莲的手久久不愿放开，互相询问了最近的生活情况、身体状况和工作情况等等。姐妹俩有说不完的话，叙不够的情。虽然只有短短的半天时间，可是在邢燕子头脑中却留下了深刻的印象。

一晃又是十年过去了。20 世纪 90 年代，时任北辰区人大常委会副主任的邢燕子，和北辰区的一些干部到大寨参观。到了大寨，才知道郭凤莲外出山东办事去了。郭凤莲听说燕子大姐已到大寨，在电话里大声说着笑着，叫邢燕子一定要在大寨等着，自己将连夜赶回去。

当晚，郭凤莲风风火火地从山东赶了回来。见到邢燕子，非常高兴，热情招待了北辰区赴大寨参观团。

△ 60年代，陈永贵（左一）和全国劳模王国藩（左二）、邢燕子（左三）在一起

临别，郭凤莲紧紧握着邢燕子的手，请邢燕子一定要好好保重身体，勤锻炼，注意饮食，一声声叮嘱，发自肺腑，情真意切。邢燕子送给郭凤莲一个石制小饰物作为纪念，郭凤莲回赠邢燕子的是大寨牌陈醋，说这是大寨新研发的产品，常食用对身体有益。

车子开出很远了，邢燕子回过头，看见郭凤莲送别的身影，越来越小，直到浓缩成一个小黑点。邢燕子轻轻擦拭了一下眼角滚落的泪珠，默默祝愿好人一生平安。

依然在奋飞

➡ 毫不懈怠

★★★★★

1993 年 3 月 7 日至 4 月 1 日，邢燕子随京津农业管理干部代表团赴西班牙参加"发展、抉择和战略"培训及考察活动。

这个代表团由中共中央联络部组织，由京津两市有关代表组成，一行三十四人。代表团此行的主要目的是接受培训和实地考察西班牙的经济管理，特别是工、农、牧、商业的经营、服务与管理，同时进行一些经贸活动。

第一天，代表团到达西班牙首都马德里。负责接待中国代表团的是西班牙的阿斯图里亚斯自治大区。阿斯图里亚斯自治大区位于西班牙的西北部，北临大西洋，面积一万零五百六十八平方公里，人口一百一十万，有三百三十五公里的海岸线，一百九十五个大小海滩，全区虽然大部分为丘陵地貌，但地下水丰富，山下无零度以下温度。大农业中主要是畜牧业，以养奶牛、肉牛、羊为主，农村二、三产业也多是围绕畜产品的收购、加工、储运、销售和为畜牧业生产服务的项目。

到达西班牙阿斯图里亚斯自治大区的第二天，在接待单位——阿区及区储蓄银行的安排下，邢燕子和代表团的其他成员开始了紧张有序的学习和考察活动。接待人员出于让中国代表团在有限的时间内多学点、多看点、多了解些情况的目的，故将日程安排得相当紧凑。每天的授课、参观访问活动时间均在十二个小时以上，有时长达十四五个小时。

面对如此紧张的安排，已经53岁的邢燕子丝毫不敢松懈。她非常珍惜这次到西班牙学习、考察的机会。每一课都十分认真地听、记，了解西班牙国家行政管理组织及管理、欧共体的起源和组织管理职能、欧洲联盟、环境保护、农业开发、城市规划，西班牙的住宅观念和趋势等各个方面的内容。邢燕子认为这些课有理论较务实，对天津市的经济发展有借鉴作用。

在接待人员的精心安排下，邢燕子随代表团在短时间内实地考察了很多地方、不同类型的单位。从3月8日至25日，十八天中除听课二十讲外，邢燕子还考察了马德里、卡斯特罗波尔、科赫尔萨、达拉蒙第等市的市政管理、住宅建设、奶品加工、各类商场运行、合作社组织、体育馆、企业咨询服务中心、农业科技、温室、农村旅游、奶牛养殖场、海贝养殖与净化、图书馆等。每到一处，她都想方设法了解和学习更多的东西，邢燕子虚心好学的精神激励和鼓舞了代表团的其他成员。

代表团每到一处都受到了当地市政官员和被考察单位热情友好的欢迎，所到城市的市长和政府官员与代表团全体成员会面、座谈，介绍城市情况，并诚挚友好地回答代表团提出的各种问题。

西班牙新闻界对中国代表团在西班牙的活动很重视，各大媒体跟踪报道。

在近二十天的时间里，邢燕子与代表团的成员走遍了大半个阿斯图里亚斯自治大区，看到了西班牙的城镇和乡村的面貌。据邢燕子回忆，所到的城镇和乡村的市政建设水平很高，城市没有污染工业，街道、房屋、车辆、设施整洁有序，很少见到垃圾。邢燕子非常喜欢那里的欧式民房，每座都可以说是艺术品，各有特色，互不相同，别致漂亮。在山区，牧民也极重视自己住房的环境打扮和装饰。别墅式的房子里，电脑控制和计划生产。喂料、冲洗、挤奶、储奶均按现代化要求进行。

因为在北辰区主抓的是环保工作，邢燕子在考察过程中还特别调查了西班牙环保布局情况。了解到多数有污染的工业都远离城镇居民区，在专设工业区集中生产，对城镇没有危害。她觉得这一点值得北辰区在工业发展过程中借鉴和学习，于是在心里萌发了环保调研的初步想法。从西班牙回来，结合北辰区实际，邢燕子以极大的责任意识深入调研，之后写出《天津市北运河水污染问题的报告》和《保护丰产河水免受污染的报告》等几个环保调研报告。

业余时间，邢燕子还接触了西班牙经济界人士和企业家，主动联络感情，介绍中国的情况。

在代表团内部的交流会上，邢燕子提出，在社会化服务、农产品加工、城镇规划与建设、流通、第三产业和科技推广等方面要借鉴西班牙的经验，进一步完善工作计划，更好地促进农村经济和各项事业的发展。她的意见，得到了代表团其他成员的赞同。

此次西班牙学习考察活动，邢燕子认为收获很大。大家刻苦努力，团结一致，遵守外事纪律，表现出中国人良好的作风和素质，给西班牙接待各方留下了美好印象。同时也使西班牙方进一步了解了中国，达到了双方友好交流、共同提高的目的。

培训结束后，邢燕子得到了一张结业证书作为此次学习的纪念。

➡ 知青楷模

★★★★★

1999 年，全国五一劳动模范事迹报告会在北京召开，邢燕子和侯隽受到邀请参加了这个会议。两个人认真听取了劳模们的感人事迹，会后又一同到北京郊区参观了当地农民的大棚种菜技术。《经济日报》刊登了邢燕子和侯隽参观大棚时的照片。照片上邢燕子与侯隽戴着会议证并肩走在一起，似乎可以听得见姐妹俩在喁喁私语。

邢燕子与侯隽的相识，和黄宗英有直接关系。1963 年，黄宗英到宝坻县体验生活，听说有一个特别能干的北京姑娘，认为值得一写，立刻就带邢燕子到窦家桥去采访。于是，邢燕子和侯隽相识。黄宗英与侯隽同住了一个月的小土炕。

此后，两人以姐妹相称。侯隽小邢燕子三岁，叫邢燕子"大姐"。两人被树为知青典型后，职务多起来，当时邢燕子身兼十六职，侯隽也同样身兼十六职，会议和各种活动也接连不断，两人总是同时被邀请，见面的机会很多。

一侯空闲，邢燕子便带着司家庄的青年到窦家桥去学习农业生产经验。窦家桥有北京的知青，也有天津的知青，知青们见面又说又笑，非常热闹。

驻宝坻的某部队，年年下村支农，总是干得热火朝天，那种劳动场面常令邢燕子、侯隽感动，她们二人也主动到部队慰问。姐妹俩每次出现在部队驻地，都受到热烈欢迎，这样一来一往，时间一久，姐妹俩和部队官兵建立了深厚的友谊。

2004 年，厦门举办第二届知青文艺晚会，姐妹俩应邀乘飞机从天津飞到厦门。在机场，她们受到知青代表的热情欢迎，知青代表给邢燕子和侯隽献花。那一次，厦门电视台的记者采访了邢燕子，并对她的到来给予了报道。

当天晚上的知青文艺汇演激情澎湃。小小的会场竟然挤满了三四百人。参加演出的都是当年厦门的知青。知青们用文艺表演的形式来展现当年的生活经历，表达一心为党，一心为人民，把青春献给农村的冲天热情。邢燕子也被感染了，好似又回到当年的知青岁月。

演出结束，邢燕于与侯隽上台为获奖演员颁奖，在场所有的人都抢着与她们握手。邢燕子深有感触地对侯隽说："感到那些人的知青情谊特别深厚。"

2004 年的厦门之行，还让姐妹俩意外惊喜地遇见了分别多年的董加耕。大家见面以后十分高兴，畅谈欢歌，愈加觉得友情随着时间的推移越来越浓了。

邢燕子与董加耕初次见面是在第三届全国人民代表大会上。邢燕子和董加耕同是主席团成员。会议期间的 1964 年 12 月 26 日，她俩同时被邀请，参加晚上的聚餐，那天是毛主席 71

△ 1976年9月《人民画报》封面登载邢燕子与侯隽在田间的照片

岁生日。邢燕子坐在毛主席的右边,坐在毛主席左边的就是董加耕。这是邢燕子和董加耕最近距离的一次见面了。毛主席在用餐时给予了他们极大的关爱,怕农村来的孩子吃不饱,特意把自己的那份饺子分给了身边的邢燕子和董加耕。因为受到毛主席的亲切关怀,使邢燕子和董加耕有了共同的幸福经历和感受,谈话时也有了共同的话题。

有一次,香港凤凰卫视请董加耕去做节目,也请了邢燕子夫妇做嘉宾参加录制。

如今,邢燕子和董加耕都退休赋闲在家,他们时常用电话联系,互致问候和关心。有什么活动就商量是不是一起去参加,一根纤细的电话线连接着两颗有着相似经历的心。

作为同时代的"名人知青",与邢燕子友情至深的还有张韧,张韧比邢燕子小几岁,被邢燕子亲切地称作"小妹妹",姐妹俩的友情是在那个共同经历的岁月中建立起来的。

邢燕子与张韧是在出席共青团九大会议时认识的,张韧很喜欢这个淳朴的邢大姐。从那以后,两人经常在开会的时候见面,会议结束分手后,就相互写信交流思想感情。年复一年,随着时间的推移,姐妹俩的友情日渐深厚。

张韧这样评价相熟相知的邢燕子——善良。沧桑巨变后,张韧心中,善良的邢大姐还是那个求真求实、无私无畏、诚实坦荡、顾全大局的好大姐。

时势造英雄。对英雄的定义,每个时期有其不同的标准。往事已随时代洪流远逝，不变的只有人的情怀。当年的"名人知青"们，经过一番起起落落，回归本真，他们站在人生的最高处，俯瞰世间百态，感受奋进中的中国的强劲脚步，并重新加入这支队伍，再次出发。

→ 百姓心中

★★★★★

虽然属于邢燕子的辉煌已成过去，如流水般一去不复返。然而，她是无比从容地走过这段历史，走进繁荣昌盛的今天。作为邢燕子本人，心中平添了一份固守的东西。邢燕子认为，从马力书记为她改名的那天起，"邢燕子"这个名字就不再属于她自己了。她代表了一个特殊的时代，代表了一段历史，代表了那个特殊时代里的青春与热血、奉献与忠诚。尽管已成过去，但这个名字的使命并没有因此完结。尘埃落定之后，更显出明珠的光芒。

时光进入 20 世纪 80 年代，人们渐渐听不到邢燕子的消息了，但她并没有从人们心中消失。人们并未因岁月的流逝而淡忘她，许多人都在关心着她、惦念着她。尤其是司家庄的乡亲们和她周围与她有接触的人们。

当年一片汪洋的北大洼，如今已是烟村雾柳、沃野千顷的粮仓。现在，司家庄人全都住进新瓦房，吃的是大米、白面，还讲究起养生。彩色电视机家家都有，健身设施、图书室、老年文化活动中心一应俱全。村办的铆钉厂、服装厂、小五金厂，产销两旺。如今的司家庄人真正是"住新房，娶新娘，剩钱还要存银行"。

村民们说，所有这些，都跟我们当年的支书邢燕子有关，她为司家庄的发展付出了心血和汗水，为司家庄今天的成就奠定了昨日厚实的基础，虽然她离开了司家庄，可我们全村人永远不会忘记她！她现在好吗？替我们向她问好，就说司家庄的老老少少都想她，让她有时间回来看看。

至今，由宝坻县城通往司家庄的一条长达七十公里的柏油公路，被当地人习惯地称作"燕子路"。村庄附近一座横跨潮白河的大石桥，叫做"燕子桥"。

不仅是与邢燕子血肉相连的司家庄，无论何时何地，老百姓都没有忘记邢燕子。

有一次，邢燕子和几个同志一起去内蒙古自治区出公差，车进入河北省地段，因为司机路途不熟，造成违章，被路政人员拦住了。

司机几经交涉未果。当路政人员得知汽车里坐着邢燕子的时候，竟然忘记自己正在执法，提出了一个令人吃惊的条件：见见邢燕子就放行！

显然，这个"条件"虽不合法，但却在情理之中。邢燕子闻听，立刻热泪盈眶，人们还没有忘记她。邢燕子强忍着泪，下了车，向人们打招呼、致意、致谢。

△ 邢燕子60岁生日留影

见到她的人鼓掌、与之握手，嘴里说着："今天真是幸运，没想到能看见邢燕子！"车子开出老远，送别的人们还在向邢燕子他们招手呢！

有一天，邢燕子和一些人同去市郊钓鱼。这是她第一次摸鱼竿，鱼也欺负生手，整整一个上午竟无一上钩。时近中午，一位年过半百的农民手上托着几条鱼悄悄来到她跟前，小声地问："您是邢燕子吗？"听邢燕子回答说"是"，老农高兴极了，说："听别人说是您来了，我没有什么东西送给您，这几条鱼是我刚钓的，您拿回去吃吧！能见着您我特别高兴。"

多年来，邢燕子做人大工作养成了习惯，总愿意听听老百姓的心声。以为眼前这位老农有什么事相求，就问："您有什么事，尽管说。"

谁知老农连连摇手，边后退边说："没事儿，没事儿，我没事儿，看见您就行了，看见您，我特别高兴。回家我就告诉家里人，今天我看见邢燕子了。"

邢燕子听了，不禁百感交集。回到家，邢燕子把鱼做熟了，看着丈夫、孩子吃，自己却一口也没吃。她看着那几条鱼，心里说不出的感慨，脑子里还在想着那位送上刚刚钓的鱼而只为看看自己的农民。

刚到北辰不久，有一次搭乘一辆卡车去天津市区办事，因解放路至泰安道一段不许卡车通过，邢燕子没有办法，只好下车步行。刚走几步，就有一辆"丰田"轿车停在身边，司机热情地请她上车。

邢燕子不记得在哪儿见过这位司机，可司机却说认识她。司机说："您就是邢燕子，我认识您，您去哪儿？我送您。"

还有一次邢燕子因公外出，当他们行至河北涞水时，被检查站截住了。因为那条路还没有修好，不许通车，司机没注意闯了标志。车被拦住，邢燕子下车询问原因，当交警得知眼前这位和蔼可亲的中年妇女就是邢燕子的时候，立刻满脸敬意，"啪"地一个立正，敬礼，叫声"邢大姐"，说"是邢燕子就要特殊对待"，然后手一挥，汽车被放行了。邢燕子连忙表示歉意和感谢，内心流淌着暖流。虽说交警有违执法原则，但他对邢燕子敬重的心情可以被理解。

像这样的事，邢燕子还经历过很多次。在天津市北辰区机关大院里，人们戏称邢燕子是"路路通"，司机师傅们说："只要和邢大姐一起外出，路上就不犯难。"《北京日报》还刊登了一篇短文，题目就是《邢燕子"路路通"》。是邢燕子真有什么神通吗？没有！邢燕子之所以路路通，是因为有许许多多的、认识和不认识的人仍在关心着她、爱护着她。

邢燕子为人坦诚、实在，谁有困难只要对她说了，她一定会竭尽全力去帮助。和她打过交道的人都会有一种似曾相识的感觉，好像她就是自己熟悉的亲人。邢燕子真诚地帮助别人，也接受过别人的帮助。对于别人的帮助，邢燕子刻骨铭心，不知道如何去报答那些好心的人们。

1998 年 11 月，邢燕子的脚意外扭伤，疼得下不了地。那时，她住在翠山楼。家人上班走了，只剩她一个人，行动不便。临近中午，她正为吃点什么发愁时，住在楼下的退休教师程玉茹推开了门。程老师手里端着热气腾腾的饭菜，送到邢燕子的床前。闻着饭菜散发的香味，邢燕子说不出有多感激。

从此以后，每天中午，比自己年龄还要大的程老师都会爬上楼来给邢燕子送饭，送来的饭菜每天变着花样，天天如此。邢燕子看到老人

△ 邢燕子绘画作品

气喘吁吁的，心里过意不去。程老师却反过来安慰邢燕子："这算个啥呀！家里人都有工作，别耽误他们的班。我吃啥，你就跟着吃啥。你是知识青年的榜样，当初我们都非常佩服你。"听着程老师朴实的话语，邢燕子热泪夺眶而出，说不出一句话。

说来有趣，翠山楼小区有一名九十多岁的老奶奶，多年以来对邢燕子有一种别样的亲情。每次邢燕子去老奶奶家串门，老奶奶都非得让邢燕子吃点什么不可，不然就不让她走。邢燕子大多是吃完晚饭去看老奶奶的，可是为了不扫老人的兴，她不得不再吃一些东西。见邢燕子听话地吃了，老奶奶才高兴起来，哈哈地大笑。老奶奶一直拿邢燕子当孩子看待，过年的时候，还给邢燕子压岁钱呢。而且每次都给的是崭新的票子。邢燕子仔细地保存着老奶奶给的这些"压岁钱"。

后来，邢燕子退休后，离开了翠山楼小区，搬到北辰区霞光里小区。没想到，搬家那天，一听说邢燕子搬来了，霞光里小区的居民们竟然欢天喜地，前呼后拥，争先恐后帮她家搬东西。

后来有一次，邢燕子不小心又把脚扭伤了，下不了地，第二天，同住在霞光里小区的董奶奶和儿媳妇小吴就给她送来了炖好的排骨汤和牛肉增加营养；门卫老李得知邢燕子腿脚行动不便，就买来了舒适的坐椅，为她歇脚；小区的保安怕她寂寞，买来了歌曲光盘为她开心……

搬到霞光里小区后，楼下的津北照相馆成了邢燕子的第二个"家"。她经常到照相馆里闲坐，和群众聊天谈心，由此又结识了

一大批朋友。只要她一犯心脏病，照相馆里的朋友们就立刻带她去看病，做心电图、量血压，跑前跑后地为她忙碌。邢燕子遇到什么难事，也是第一个给照相馆打电话，一接到电话，马上就有人来到她身边。津北照相馆还是邢燕子的联络站，全国各地给她的信，都转到津北照相馆。邢燕子玩笑地说："照相馆是我第二个'家'，我要是不去，'家'里人还想得慌呢。"

2001年，天津市旱桥中学的校长请邢燕子担任学校的名誉校长，想到后代的教育，邢燕子不顾病体，满口答应了。在该中学八十周年校庆时，邢燕子参加了党员挂牌仪式，对党员们谆谆教导，讲了很多自己对党的感情和体会。这

△ 退休后学书画（左一《天津日报》记者周莲娣）

些年来，无论邢燕子走到哪里，都常常会遇到亲切的问候、热情的帮助。

经常有来自全国各地的信件如鸿雁飞到邢燕子手中，经常有来自全国各地的男女老少尤其是知青慕名寻访，来到她家，见上邢燕子一面，以了终生心愿……人民没有忘记邢燕子，从来没有。

人民的关怀让邢燕于身处幸福之中，没有一点孤独、失落的感觉。总有一句话挂在邢燕子嘴边："人民的恩情我永远报答不完！我永远感谢所到之处的党的各级组织对我的亲切关怀。"

后 记

采撷光环说往昔，倾尽真情写新篇

60、70 年代，作为知识青年榜样的邢燕子的名字曾响彻大江南北，不满 20 岁的她就成了"邢燕子突击队"队长，登上了《人民画报》的封面，被称为"毛泽东时代的好姑娘"，她周身喷涌的青春热浪感动了一代人，振奋了一代人。可是进入 20 世纪 80 年代，她的名字曾一度被媒体遗忘。这位知识青年的楷模后来如何呢？

20 世纪 90 年代后，她再度得到社会关注。《中国青年报》的《人物彩照》专栏以"当年风华正茂，奋飞田野，一代青年榜样；如今年过半百，壮志犹存，一心甘作仆人"为主题刊登了该报通讯干事刘武的文章《邢燕子：质朴与真纯如故》，回答了人们的关心。

1990 年 12 月，《东北之窗》刊载了报道《邢燕子"路路通"》的文章，反映了邢燕子等一代英模在人们心目中留下的崇高印象。

接着 1994 年《文汇报》刊登了该报特派记者陆幸生《走出光环》的文章，作者以透视般的眼光重新审视历史，概括介绍了邢燕子的经历，看到她走出光环后第二次历史幸运，并且用她在新的挑战面前重塑自我的生活轨迹，展示了一代人曾经拥有和重新拥有的精神世界。邢燕子的精神就是那个时代民族精神的折射，她的历程也正是新中国特定历史时期的反映。

邢燕子是我国上个世纪 60 年代家喻户晓的优秀知识青年的典型代表。如今人虽已退休，但故事还在继续。

适值迎接党的十八大之际，我们编写了《邢燕子》一书，此书记述了邢燕子不同寻常的成长历程，再现了一代名人的丰采，展现了质朴赤诚的人格，钩沉历史，以飨读者，激励世人以饱满热忱积极投身全面建设小康社会的伟大事业。

图书在版编目（CIP）数据

邢燕子 / 赵文秀，李冰梅编著. -- 长春：吉林文史
出版社，2012.8（2024.5重印）
（100位新中国成立以来感动中国人物）
ISBN 978-7-5472-1182-3

Ⅰ. ①邢… Ⅱ. ①赵… ②李… Ⅲ. ①邢燕子－生平
事迹－青年读物②邢燕子－生平事迹－少年读物 Ⅳ.
①K828.4-49

中国版本图书馆CIP数据核字(2012)第208515号

邢燕子

XINGYANZI

编著/ 赵文秀 李冰梅

选题策划/ 王尔立　责任编辑/ 王尔立 李洁华 任玉茗

装帧设计/ 韩璘

出版发行/ 吉林文史出版社

地址/ 长春市福祉大路5788号　邮编/ 130118

电话/ 0431-81629363　传真/ 0431-86037589

印刷/ 天津海德伟业印务有限公司

版次/ 2012年8月第1版 2024年5月第5次印刷

开本/ 640mm×920mm　1/16

印张/ 9　字数/ 100千

书号/ ISBN 978-7-5472-1182-3

定价/ 29.80元

100位

新中国成立以来感动中国人物

丁晓兵　马万水　马永顺　马恒昌　马海德　中国女排五连冠群体

孔祥瑞　孔繁森　文花枝　方永刚　方红霄　毛岸英

王　杰　王　选　王　瑛　王乐义　王有德　王启民

王进喜　王顺友　邓平寿　邓建军　邓稼先　丛　飞

包起帆　史光柱　史来贺　叶　欣　甘远志　申纪兰

白芳礼　任长霞　刘文学　刘英俊　华罗庚　向秀丽

廷·巴特尔　许振超　达吾提·阿西木　邢燕子　吴大观

吴仁宝　吴天祥　吴金印　吴登云　宋鱼水　张　华

张云泉　张秉贵　张海迪　时传祥　李四光　李春燕

李桂林和陆建芬夫妇　李素芝　李梦桃　李登海　杨利伟

杨怀远　杨根思　苏　宁　谷文昌　邰丽华　邱少云

邱光华　邱娥国　陈景润　麦贤得　孟　泰　孟二冬

林　浩　林巧稚　林秀贞　欧阳海　罗映珍　罗健夫

罗盛教　草原英雄小姐妹　赵梦桃　钟南山　唐山十三农民

容国团　徐　虎　秦文贵　袁隆平　钱学森　常香玉

黄继光　彭加木　焦裕禄　蒋筑英　谢延信　韩素云

窦铁成　赖　宁　雷　锋　谭　彦　谭千秋　谭竹青

樊锦诗